U0639798

行走在生态教育的路上

ZHONGXIAOXUE JIAOYU
XINTANSUO CONGSHU

本书编写组◎编

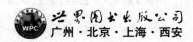

世界图书出版公司
广州·北京·上海·西安

图书在版编目（CIP）数据

行走在生态教育的路上/《行走在生态教育的路上
》编写组编 . —广州：世界图书出版广东有限公司，
2011. 11 （2024.2 重印）
ISBN 978 – 7 – 5100 – 4085 – 6

Ⅰ．①行… Ⅱ．①行… Ⅲ．①小学 – 办学经验 – 成都
市 Ⅳ．①G629. 287. 11

中国版本图书馆 CIP 数据核字（2011）第 228731 号

书　　名	行走在生态教育的路上	
	XING ZOU ZAI SHENG TAI JIAO YU DE LU SHANG	
编　　者	《行走在生态教育的路上》编写组	
责任编辑	冯彦庄	
装帧设计	三棵树设计工作组	
出版发行	世界图书出版有限公司　世界图书出版广东有限公司	
地　　址	广州市海珠区新港西路大江冲 25 号	
邮　　编	510300	
电　　话	020-84452179	
网　　址	http://www.gdst.com.cn	
邮　　箱	wpc_gdst@163.com	
经　　销	新华书店	
印　　刷	唐山富达印务有限公司	
开　　本	787mm×1092mm　1/16	
印　　张	12.5	
字　　数	160 千字	
版　　次	2011 年 11 月第 1 版　2024 年 2 月第 3 次印刷	
国际书号	ISBN　978-7-5100-4085-6	
定　　价	59.80 元	

本册编委

作者简介

秦志新，四川省骨干教师，成都市学科带头人，中学高级教师，第六届全国百名优秀校长，《中国教育学刊》学术研究员，中国教育学会会员。参与编写教育教学书籍 7 本，发表教育教学论文 18 篇。

瞿风，成都市优秀青年教师，区语文学科带头人。

缪兵，成都市骨干教师，市小学数学学会会员。

谭琼，成都市骨干教师后备人选，区学科带头人。

陈继洪，成都市级数学学科骨干教师。

程旭霞，小学高级教师。

高屏，成都市优秀教师。

吴少娟，成都市优秀青年教师。

吴涛华，小学高级教师。

肖俊，小学高级教师。

周波，小学高级教师。

前　言

　　所谓生态行走，就是在践行生态教育过程中，生命成长具有充分释放潜能、适应社会需求的正确走向，永续向上、向善的品质生长与活力喷涌。这样的教育生态行走，释放的绝非是自然生命的勇力与野性，而是文明进化的生命创造力量。正如《国家中长期教育改革和发展纲要》精辟揭示，这样的力量释放对教育的要求，"核心是解决好培养什么人、怎样培养人的重大问题……着力提高学生服务国家服务人民的社会责任感、勇于探索的创新精神和善于解决问题的实践能力。"

　　生命的生态行走，前提必须是教育的生态行走。"教育必须顺应儿童天性发展的自然历程。"与卢梭的观点相仿，美国教育家杜威同样强调了教育要顺应学生的本能和天性："教育的第一个应该关注之点，是儿童在没有教育之前，有一种先天生成的本能、惰性和冲动。教育就应该以这些为基础，不然便没有教育实施。"

　　教育的生态行走，必须回归激扬生命的教育本质，必须顺应、激发和引导生命的需求和愿望，奠定生命终身发展的基础素质，开启生命的最大化潜能。"激扬生命"的教育本质界定，早在两百多年前的德国教育家第斯多惠那里就说清楚了："教育的最高艺术法则，不是教给学生知识和技能，也不是教给获得知识和技能的方法，而是激发、鼓舞和唤醒。"

　　然而，令人焦虑的现实是，偏离育人本质的教育行走方式导致了生命的非生态行走。牵引于功利化需求的应试教育不是把学生当作充满灵

1

性的鲜活个体，而是把他们当作物、当作动物、当作瓶瓶罐罐，想教他什么就教什么，要怎么规划他就怎么规划他，导致了生命的个性扭曲、压抑及其创造力的弱化和缺失。

孕育生命生态行走的力量，要求教育必须遵循生命成长规律，充分尊重学生人格和个性，不仅传播知识和技能，更重要的是培养优良的心理素质、自学能力、思维品质和实践能力，激发学生强烈的创造性和追求精神，最大限度挖掘学生潜在的可能性。

基于对教育本质和规律的深层理解，基于肩负教育使命的虔诚信仰，基于优化生命生态教育不竭的自主探索，成都玉林附小以传统文化培植生命成长的"精神之根"，以生态德育孕育生命成长的"道德之魂"，以多元课程开启生命成长的"个性之路"，培育了催生生命蓬勃生长的学校教育和美生态，不失为一种寻梦教育理想的原创性建构。

蕴含勤劳勇敢、团结友爱、自强不息、效法自然等核心价值的国学文化，是滋养青少年生命蓬勃向上的精神之根和文化之源。针对相对薄弱的小学国学教育现状，玉林附小着力构建校本国学教育体系，在校园环境和班级文化建设中植入国学经典元素，不仅是学校教育生态与个性追求的点缀和印证，更着力于孕育学校文化的灵魂和根基；国学经典入课堂，读、唱、画、演经典，成为学生修行修心不可或缺的精神养料和牵引力量……着力"根"的教育，既教法自然，充分尊重、全面培育、尽情释放生命的潜能和个性；又智近于善，以传统优质文化引导生命的社会化走向，提升生命品质和精神境界。

"德育的最高境界是人与自然、人与社会、人与自我的和谐发展。"针对随意、盲目、零散的德育无序和低效状态，玉林附小运用系统科学的思想方法，整体构建起由礼仪教育、环境教育、心理教育三大德育生态圈组成的现代德育生态系统。

关注"人与人"的交往和谐，构建礼仪教育生态圈。形成礼仪教育校本课程、课堂教学、实践活动、考核评价体系。风生水起的玉林附小礼仪教育，不仅成为学校教育的重要内容和特色的重要体现，更孕育和提升了生命品质和生命境界。

关注"人与自然"的和谐共处,构建环境教育生态圈。课堂教学和课外活动渗透环境教育,环境教育与行为规范教育、与社会实践活动结合,建设环境教育课程文化,学生在走入环境的情感体验和心灵觉醒中日渐形成捍卫生命行走的生态道德观。

关注"人与自我"的内在和谐,构建心理教育生态圈。教育人文和智慧的根本体现,使教育的力量巧妙地抵达人的内心世界,唤起心灵的觉醒,提升和优化心灵,赢得生命成长的精神动力和行为定力。玉林附小不再满足于诸如氛围营造、文化浸润、心理辅导等普及性的心理健康教育,而是着眼于全员性的心育课程建设,除学科专业性心育课程外,还着眼于心理教育的学科课程渗透,全面构建学生心理档案并跟踪研究,把心理教育的触角伸向家庭教育。

礼仪教育着眼于培养生命的社会交往力和适应力,环境教育着眼于人与自然的和谐共生,心理教育着眼于培育和谐强大的内心世界。三大德育生态圈的和谐统一,既是生命成长的环境营造,又是生命成长的内在品质和能力培养,共生共育着生命成长的道德之魂。

三大德育生态圈构建的背后,是"育人为本"、"回归生活"、"回归自然"的新课程理念引领,是生态教育的思想启迪:尊重生命主体的自主和谐的个性发展,创设生动、丰富和充满活力的学校教育环境,致力于丰厚生命成长的基础素质,全面开发生命的个性潜能,赢得生命主体自由、充分、持续的个性化行走。

每个生命都是独特的个体,每个生命成长的路径都不完全相同,这就决定了培育生命行走力量的学校课程的多元化,要求学校必须提供适应生命成长需求的丰富的、可选择的多元课程体系,开启生命生态行走的个性之路。构建和谐的课堂生态,让课堂焕发生命活力,玉林附小以建构生态教育课程文化为课程功能的价值取向,形成了基础性课程、拓展性课程、探究性课程和隐性课程有机整合的课程结构。开展了古诗文诵读校本课程以及课外阅读实践活动,开展游泳、乒乓球的普及与特长生培养，以及让足球、篮球、跆拳道、二胡、口琴等进入课堂，开启生命多方面的潜能和使特长增长。开展学科探究性学习、探究性学习校本课程及综合实践活动，形成探究性课程特色。各类课程一起发力，"让课程适应师生生活，关怀师生的生命成长，关照师生的生命体验，让师生在教育的过程中得到充实与升华，成为幸福生活的人"的生态课程文化，并在此基础上优化学生培养模式，尽可能做到"因势利导"、"学思结合"、"知行统一"、"因材施教"，实现素质教育与生命节拍的互动融合。

以国学文化和德育生态圈"育根铸魂"，以丰富多元的课程文化奠基生命行走的个性力量，全面培养生命优化成长的基本习惯、基础素质、基本能力，充分发展兴趣、爱好、优势、特长等个性潜能，让学生赢得未来，成为不可替代的"这一个"做好充分的素质、能力和性格准备。最终，学生赢得的必将是生命行走的正确方向、持续动力、充沛活力和强劲张力。

张泽科

（《中国教师报》记者、《教育科学论坛》教育管理栏目编辑）

目 录

第一篇　传统文化培植生命成长的精神之根

第三篇　多元课程优化生命成长的个性之路

第一篇 传统文化培植生命成长的精神之根

　　教育是一个使人社会化的过程，就中国而言，教育的任务首先是使被教育者成为一个人，其次就是使被教育者成为一个中国人。但是目前的学校教育，仅仅把会使用汉字，会说普通话，有一定的阅读理解能力作为语文教学的基本要求，而多数教师只满足于达到最基本的要求。这远远谈不上教育的成功。要教育学生成为真正的中国人，从小学开始就应有计划，有针对性地开展国学教育活动。

　　就形式而言，国学是中华传统文化的主要载体，它像一根坚韧的纽带，将形形色色、方方面面的中华文明珍珠串连在一起，形成一个完整的统一体。就内涵而言，国学是中华民族精神的集中体现，使中华民族以其特有的品质与风貌自立于世界民族之林。儒家所倡导的德治，道家所追求的人与自然和谐的哲学思维，法家所主张的"信赏必罚"管理方略，墨家所宣扬的"兼爱交利"精神，兵家所阐发的"避实击虚"行为科学，均已积淀为普遍的民族心理和宝贵的历史财富。优秀的传统文化是民族永恒的精神财富，它的某些内容，也许会随着时间的流逝而失去意义，然而它的合理精神，却超越时空的界限，亘古常青。

第一章

➡环境润泽，触摸经典

　　国学博大精深，国学所代表的传统文化是中华民族的"根"和"魂"。玉林附小坚持以"诵读经典，文化浸润"为宗旨的本根教育，从校园环境、班级文化、拓展课程、日常诵读等方面较为系统地构建国学启蒙教育体系。如今，"传承国学，是学校与家庭义不容辞的责任"已成为玉林附小师生、家长的共识。

　　将国学经典的内容纳入校园环境，学校强调其"对话"的功能，即环境不能仅起到"装饰欣赏"的作用，更要挖掘发挥其"教化带动"的功效，从而使"无声的环境"成为"有声的老师"。因此，追寻这样的目标，玉林附小在校园大环境、班级小环境、课程软环境中，努力摸索着能与学生对话的环境创设方法，让学生随时受到传统文化的熏陶、浸润，让学校"礼仪教育"特色与环境和谐共生。

第一节　打造校园环境，提供生命成长沃土

月亮刚从西边的天际隐去，一层薄薄的淡雾弥散着校园的每个角落；蓝灰色教学楼，苍翠的大树以及迎风招展的国旗在晨雾中更显挺拔。

渐渐地，校门口出现了人影。一个，两个，三个……欢笑声，问候声，读书声划破了清晨的宁静，汇成一股动人的乐曲回荡在玉林中学附小的上空。

"琢玉成器，育才成林"几个大字在教学楼顶迎着徐徐扩散开去的朝霞变得更加醒目。它似一道清泉，流淌在玉林附属小学每一位师生的心田，滋润着每一位玉林附小人的思想和行为。

绿色掩映的低小部校门内，"尚礼坊"的石刻《论语》碑文，篆字"礼"格外醒目，表达了学校崇尚礼仪，追求"以礼育人"的办学特色。"活水源"景点，绿树掩映，游鱼戏水。石碑上刻写的"问渠哪得清如许？为有源头活水来"寓意着学校追求自主、自由、自然的生态教育理想境界；寓意着教师常教常新，犹如源头活水；寓意着学生饮水思源，毋忘师恩。

高小部的百米艺术墙，集中展示我国传统道德教育的精髓——"仁、义、礼、智、信、温、良、恭、俭、让"。甲骨文、小篆篆刻其上，驻足其间，诗意流淌，耐人寻味。国学墙上的"孝、敬"等甲骨文象形文字，泥塑竹简上刻写的中国传统文化"四书"的经典句选，无不散发着墨墨的书香气息。"书香阁"右侧的活水小景观，假山、流水、游鱼、碑刻，动静结合，相映成趣。"静心苑"里，矗立的石峰上镌刻着"宁静致远"四个大字，苍劲俊秀；园中修竹茂密，丹桂飘香，徜徉

其间，神清气爽。教室内、楼道间、过道旁、栅栏上，装饰了《论语》、《弟子规》等诵读材料；各班教室以及走廊悬挂着两百多幅励志格言、诸子名言。

玉林附小的师生们生活在如此宁静富有诗意的校园里，亲切自然地触摸中华传统文化的厚重，接受中华文明的滋润。经典正用无声的语言告诉学生们什么是"礼、义、忠、孝、贤"，正以它深邃的思想走进学生的心灵。丰富多彩、内涵深邃的校园文化环境已成为老师们随时利用的教育教学资源，老师们常带着学生们到生态园赏落花、观游鱼，到静心园赏桂谈心，到书香阁读书、讲故事……

玉林附小一年级学生的第一堂课都是由老师带着在校园中信步闲走，浏览学校颇为考究的国学墙。在古色古香的墙体下，在圣人的塑像前，老师举《三字经》、《弟子规》中的经典句子规范学生的言行；讲儒家文化的精髓激发学生求学的渴望；叙老子、孔子、荀子、孟子这些大家们做人做事的风范规正学生的思想。学生们则跟着老师或背诵，或倾听，或频频颔首，迷醉于国学的魅力中。

我们的课堂并不局限于教室，学生们常常在老师的带领下从教室里走出来，走到校园的每一个角落。语文课、音乐课、美术课、书法课、思品课、礼仪课，几乎每一门学科都能在校园的环境设置中找到学习的结合点。开放式的学习环境，既活跃了课堂气氛，提高了学生的学习兴趣，又相机融进了更多的国学知识。

为了让家长和学生更了解校园环境，了解校园环境中所蕴含的国学知识，学校还举行过"书香校园"文化知识大赛。把校园环境里浸润的国学知识印成一张张装帧精美的题单，再发给家长和学生，让他们在答题中了解学校，让国学的经典在趣味答题中深深印入家长和学生的脑海中。

首届"书香校园"文化知识大赛（试题）

1. 在低小部校门，首先映入眼帘的是"尚礼坊"景点。右边石头上镌刻着一个很大的篆字"礼"，左边石头上刻的三句话是（人无礼则不生）、（事无礼则不成）、（国无礼则不宁）。这三句话是我国古代思想家（荀子）的名言。它表达了我校崇尚礼仪，追求"以礼育人"的办学特色。2006年6月，我校礼仪教育研究成果获得成都市政府首届教学成果二等奖；2007年7月，我校被中宣部、教育部、文化部等十部委评为（全国青少年文明礼仪示范学校）；2008年3月，由我校师生自编自演的礼仪电视片又被成都市委宣传部评为（"五个一"工程奖）。

2. 这是"活水源"景点，绿树掩映……石碑上刻的两句诗是（问渠哪得清如许？为有源头活水来）。它出自宋代思想家（朱熹）的诗文《观书有感》。

3. "琢玉成器，育才成林"这8个字是我们玉林附小的（校训），出自《三字经》，"育才成林"体现了我校的（生态教育）办学思想。

4. 这是体育风……。底座刻着张伯苓的名言：（强我华夏，体育为先），奥运精神是（更快、更高、更强）；我省奥运冠军有（高敏、张山、陈龙灿）。我校的体育思想是（大众体育，健康、快乐）；我校是成都市（乒乓球）项目传统学校、成都市（游泳）项目重点学校。2008年8月8日，第29届奥运会在（北京）举行，理念是（绿色奥运、人文奥运、科技奥运）。

5. "励志牌"，石头上刻的话是（为中华之崛起而读书）。这句话是（周恩来）小时候说的。励志的名言是（老骥伏枥，志在千里；烈士暮年，壮心不已——曹操）。

6. "意蕴厅"，8个小篆是（读万卷书，行万里路）。读书名言：（书是逆境中的慰藉。）

7. 儒家文化的思想精华的10个字是（仁、义、礼、智、信、温、良、恭、俭、让）。艺术墙的 4 个甲骨文分别是（孝、敬、学、勤）。请你写一句相关名言：（少年不知勤学苦，老来方悔读书迟）。

8. "景仰先圣"，雕像是我国（春秋）时期的教育家、思想家（孔子），他被誉为（万世师表），他创立了（儒家）思想学派，后被联合国教科文组织评为（世界十大文化名人）。他的名言是（三人行，必有我师焉。）

9. 在高小部有个小园林，取名为（生态园），园中白色卵石形状是（中国地图），描写小园林（［参考答案］树木葱茏，错落有致，至善之水，至坚之石，和谐相依）。

10. 这是"博弈园"，此体育项目为（象棋），这是古代著名的残局是（芙蓉出水），另两个残局（一虎下山，沉鱼落雁）。

11. 国学墙，《四书》是（《大学》、《中庸》、《论语》、《孟子》）的合称。其中一个名句：（大学之道，在明明德，在亲民，在止于至善。）

12. 世界读书日是 4 月 23 日。"书香阁"，水池右侧的诗句是（山不在高，有仙则名；水不在深，有龙则灵。）它出自唐代文学家（刘禹锡）的《陋室铭》。

13. 这个景点叫（静心园），"宁静致远"出自三国时期（诸葛亮），原句为：夫君子之行，静以修身，俭以养德，（非淡泊无以明志，非宁静无以致远。）

14. 我校的 10 大艺术社团是（文学院、书画院、田径队、乒乓球队、游泳队、鼓号队、民乐团、声乐队、科技院、合唱团），其中古筝队曾赴（新加坡）演出。

第二节　营造班级文化，输入生命成长养料

各班教室里的板报、图书角、卫生角、班级标志等都是开展国学教

育和学习的文化阵地。教室内的板报装饰，每个中队都有国学主题，有《三字经》，有《弟子规》，有《论语》，还有唐诗宋词等。每月每班教室布置都围绕一定的国学经典进行，或传统佳节、或诗词赏析、或成语来历等，无不雅致大气，极富书卷气。班级特色角里以国学为主题的图书角，更是格外引人注目。各班还给图书角起了一批富有情趣、特色的图书角名称：窗外书苑、博志屋、轻松书斋、百草园、望书庭、小荷书社、饮冰晓室、墨香斋、致雅斋、一叶书屋……每一个图书角命名的背后都有师生共同赋予它的丰富内涵。

"饮冰晓室"——饮冰室，梁启超先生著述立说之居，其《少年中国说》洋洋洒洒，"少年智则国智，少年富则国富，少年强则国强……"今六（4）班少年如旭日初晓，在饮冰晓室茁壮成长。

"窗外书苑"——窗外，有阳光照在树叶上，映出点点亮光；窗外，有蜻蜓缓缓飞过，舞成一道风景；窗外的风景，很丰富！一本本书为我们开启了一扇扇窗，当我们凝目窗外，世界就向我们无私地展现开来，组合成我们所有的梦想……

"百草园"——读书的过程，不只是品味香茗，更是让孩子品味幼小的心灵、品味漫长的人生……

"一叶书屋"——"一叶知春秋，一书知天下"。

除了传统的班级环境布置中包含有传统文化，在每个班所建立的新的家校交互平台——"博客"中，也构建起了学习国学的阵地。在许多班的班级博客中都开辟有国学专栏，根据学生的年龄特点，每个年级都有自己重点诵读、学习的国学经典。"我和《弟子规》的故事"——一年级的家长们把自己和孩子一起背诵《弟子规》时的一些故事，一些感悟记录了下来，发表在博客上，和老师、学生一起分享。其他年级的学生和家长也都发表了这方面的感受，从家长和孩子共同书写的点滴文字中不难看出，那些经典名句已逐渐浸润了学生的身心，也惠及到了我们的家长。

和女儿一起背《弟子规》的日子，觉得生活是那么的充实。开始时随意背背，没有彻底背完过。但是，渐渐地感觉到国学所给予我们的确实太多太多了。有时喊女儿做什么事，她不动，我就大声说一句："父母呼——"，女儿立刻应一声："应勿缓"，立马就跑过来了。我又好气又好笑，心中充满了对《弟子规》的感激。

（宋依桓家长）

那天，我在家里读《弟子规》中的一段话"或饮食或坐走，长者先，幼者后。"我不知道是什么意思，于是就去问爸爸。爸爸告诉我："无论吃什么东西，最先应该想到的是大人，然后才是自己，走路要长者在前，自己走在后面。"

我听完了，没有发表意见，而是一直沉思着。

下午，爸爸像往常那样削了一个苹果给我，我没有像过去那样接过来就大口大口地先吃，而是先谦让给爸爸，爸爸接过苹果，激动地说："王明书，你懂得孝敬父母了。"说完，爸爸脸上露出了幸福的笑容。

（王明书）

"我背《三字经》"——《三字经》里搜集有很多做人的道理和一些历史典故。诵读《三字经》，使我们的家长、学生在享受其美妙的韵律之余，也对中国历史上的名人、名句、典故有了粗略的了解。

"人之初，性本善，性相近，可相远"，"惟德学，唯才世，不如人，当自励"……孩子在一年级的某个下午，似懂非懂又韵味十足地拿着学校刚发下来的《三字经》，就摇头晃脑地读了起来。没想到看似简短的《三字经》却蕴含着博大精深的哲学思想，感叹着古代先贤们的哲思与智慧，体味着"昔孟母，择邻处"的伟大举措时，无不让人为之动容。后来这本书成了我和儿子乃至我们家的《家庭必读》。它有很多经典的语句犹如大海里的珍珠，给我们以深刻的启迪，让我们受益匪浅。

（刘航家长）

《三字经》快背完了，女儿在背诵的过程中，知道了孟母、窦燕山，知道了"子不学，老何为"，知道了春、夏、秋、冬循环往复，知道了何为六谷、何为六畜，更初步了解了中国的历史，知道了三皇二帝，知道了"夏传子，家天下"，知道了"高祖兴，汉业建"……我不求女儿以后能一字不漏地记住，但我相信，国学所给予她的，已经如春雨润物一样，悄悄渗进了女儿幼小的心灵。

（宋依桓家长）

"摇头晃脑读《论语》"——论语是我国的经典作品，是儒家思想的核心著作，它的语言简洁精炼，含义深刻，其中有许多言论至今仍被世人视为至理，因而古人有云："半部论语治天下。"对小学生而言，《论语》中的很多句子都太深奥，且意义繁多，想要一下子给孩子解释清楚，是很难的。所以，"只求背诵，不求理解"，这是我们对孩子读《论语》的要求。记得多了，他们自然会慢慢反刍，懂得其中部分句子的含义，正如古人所说"书读百遍，其义自见"。

《论语》这本书不但在中国知名，在韩国也很有名。在来中国之前，我只听过《论语》，但没有背诵过，过来之后，在老师的指导下，我也购买了一本《论语》，和中国孩子一起学习。在学习中，我懂得了："三人行，必有我师焉。"我还懂得了："己所不欲，勿施于人。"

背诵完《论语》的大部分内容，我明白了老师的用心良苦。我一定要好好地学习中国国学。中国的小朋友可以更多地了解自己国家的国学和历史，作为喜欢中国文化的外国人，我也应该多学习中国的文化。

（韩国 朴秀娟）

上课了，我坐在了子夏的后面。老师开始讲课："学而时习之，不亦说乎？有朋自远方来，不亦乐乎？人不知而不愠，不亦君子乎？谁可以说说是什么意义？"子贡回答说："学习而经常实践它，不是很愉快的事情吗？有朋自远方来相聚，不是很快乐吗？没有人了解自己，并不烦恼怨恨，这不才是君子吗？"

我急了，大叫："不对不对，是经常学习就很快乐……"话说到一半，我就住了嘴，仔细一想，是我错了。这时，孔子笑着抚着白须，摇头晃脑地走到我的身边笑道："知之为知之，不知为不知，是知也。"听了孔子的教导，我有些不服气，勇敢地接过他的话说："勇于发表自己的见解也是一种好的学习品质啊！"

"呵呵！勇者无惧啊！"孔子大笑起来，其他人也跟着笑了。

（春文婷）

"走进《水浒传》，相识梁山好汉"——《水浒传》里一百零八个好汉都有各自鲜明的个性：孝义双全、急人所急的宋江；见义勇为、嫉恶如仇的鲁智深；才华横溢，机巧聪明的吴用；孝顺厚道，粗中有细的李逵；敢作敢当，勇猛无比的武松……这些英雄人物的所作所为早已烂熟于我们心中。毛泽东曾说"读不完《水浒传》的不是中国人。"我们的孩子就是在老师的引导下，对这些英雄由不知到相知，由不识到喜爱，由不解到发表自己独特的见解。读完书后，他们分析人物形象，竞做趣味题。在答题的过程中，他们认识了更多的英雄人物：误入白虎堂的林冲，大闹清风寨的花容，活捉史文恭的卢俊义……他们还在作文中表达自己对英雄的敬仰，对某件事的看法，甚至对某个争斗场面所用兵法的争议。

水浒传人物众多，他们各有自己的绝招：李逵能使两把板斧，人称黑旋风；戴宗的神行法没人能追上；花荣箭法了得，说中就中；吴用非常聪明，大家称他为智多星；花和尚鲁智深曾经几拳打死杀猪屠夫镇关西；宋江济人贫苦，救人急难，闻名山东、河北、江湖上称及时雨；武松酒醉景阳冈，打死了大虫……

（雷泳熙）

作者对书中人物的描写栩栩如生，一百零八将人物性格各异且又感觉真实突现，这需要作者对生活和事物观察得细致才能写得出来，同时看完这本书，我为梁山好汉互帮互助、行侠仗义的精神所感动，人首先要有爱心，要乐于帮助别人，但也要有帮助别人的能力，所以我们现在要刻苦学习，掌握知识提升能力，长大做一个有能力帮助别人又能帮别

▲行走在生态教育的路上▼

人的人。

（吴奇）

"谈三国——论天下谁是英雄?"——五年级某班的博客里这一栏目写出了这样的开篇语:东汉末年,宦官当政致使朝政荒废,国力衰弱。汉朝大权旁落董卓之手,以至袁绍、曹操、刘备等各路豪杰群起讨伐,天下大乱,很快形成了三国鼎立的局面。对于"英雄"的理解,同学们各有所见,有的认为"过五关斩六将"的关羽是英雄,有的认为"温和敦厚"的刘备是英雄,也有人认为自评他们老曹家占尽了天下,才学十斗中的九斗的曹操是英雄……

做好了线上的动员工作后,学生们则在老师的带领下,品读《三国演义》,搜集资料,选定自己心目中的英雄人物,分组准备材料,剪辑录像,制作 VCR 等。同学们一边做着这些准备,一边在博客上公示自己已经搜集到的资料,用文字进行了一番雄辩。然后再从线上到线下,举行了一场别开生面的辩论赛——"论三国,谁是天下英雄?"

辩论赛中,他们先是自报家门,表明自己是谁的粉丝,再出示自己准备的所有材料力证自己心中的人物才是英雄。高潮则出现在"力辩群雄"这一环节,各派选手有理有据,不慌不忙地阐述观点,出示论据。辩到精彩之处,学生们则拿出了自己的看家本领唇枪舌剑,力战群儒,他们尽情释放自己的观点,思想的火花几经碰撞后沉淀下来的是更深刻的认识。高潮之后则是"放马南山"的闲适,这时的学生们就像刚刚经历了战争洗礼的三国英雄一般,有了静下心来思考问题的冷静。他们总结出了各类人物性格的复杂性,懂得了做事需要的不仅仅是勇,获得了更多的人生哲理。

我觉得曹操是一位不折不扣的大英雄。他是个政治家,牢牢地抓住天子,使他做的任何事情都变得名正言顺,让那些心高气傲的诸侯们也不得不服从他;他是军事家,不计前嫌,招贤纳士,以少胜多的官渡之战，使敌我双方的力量发生了巨大的变化。曹操从小小的兖州刺史一下子成了手握六州的中原霸主；他是文学家，有"老骥伏枥，志在千里，烈士暮年，壮志不已"这样脍炙人口的诗句。他拥兵百万，坐镇六州，战将千员；有曹仁，曹洪，李典，张辽许褚等当世名将。文有许攸，荀彧，程昱，司马懿这些当世奇才。再看他本人也是文韬武略，此等人才难道不配称英雄？

（马心怡）

"题解《中华上下五千年》"——读历史毕竟不是每个学生的爱好，有些学生认为历史太枯燥，很难持续地读下去。老师便以周为单位，把历史故事编成一个个知识竞答题，登在博客上，让学生在历史书籍中去寻找答案，在找答案的过程中，学生们已经收获到了不少的历史知识。

《中华上下五千年》趣味题一（上古传说——春秋战国）

姓名：_____ 得分：_____

一、填空

1. 我知道的上古传说有：_____开天地、_____造人、_____射日、_____追日、_____造字、_____钻木取火等。

2. "三过家门而不入"说的是_____治水的故事。

3. 中国最早的王朝是_____朝。

4. "烽火戏诸侯"是周幽王为博得_____一笑。

5. 姜太公钓鱼——_____。

6. 鲁国的勇士_____被《史记》的作者司马迁赞为千古第一侠客。

7. _____写的《孙子兵法》是现存中国和世界军事理论史上最早的一部兵学专著。

8. 老子著有《_____》一书，被称为道家学派的创始人。

9. "春秋五霸"是指_____，"战国七雄"是指_____。

二、我会讲"老马识途"、"唇亡齿寒"、"退避三舍"、"卧薪尝胆"、

"兔死狗烹"的成语故事。

如果说班级图书角只是班级文化的外显形式的话，那在班级文化的建设上，各班则着力指向学生精神发展需求。

从一年级到六年级，各班根据自己班级的特点或发展目标，所定班训各不相同，却都来自国学经典中的名句。来自《旧唐书》的"不敬他人，是自不敬也。"提醒学生们尊重别人才是尊重自己；选自《易经》的"天行健，君子以自强不息。"教导学生应该自觉地奋发向上，永不松懈；《三国志》中的"勿以恶小而为之，无以善小而不为。"告诫学生好事要从小事做起，积少成大，也可成大事；坏事也要从小事开始防范，否则积少成多，也会坏大事。

学校的班级制度则多是沿用《弟子规》中的句子。

1	尊长	称尊长	勿呼名	对尊长	勿见能
		路遇长	疾趋揖	长无言	退恭立
2	姿态	步从容	立端正	揖深圆	拜恭敬
3	发言	凡道字	重且舒	勿急疾	勿模糊
4	应答	进必趋	退必迟	问起对	视勿移

（续表）

5	借物	借人物	及时还	人借物	有勿悭
6	改错	过能改	归于无	倘掩饰	增一辜
7	友爱	凡是人	皆须爱	天同覆	地同载
8	读书	读书法	有三到	心眼口	信皆要

每个班除了拥有属于自己的班级文化以外，还创办了宣传、展示自己班级特色的班报，班报中则开有"经典文化专栏"，每一期的报纸都一个国学专题：从《诗经》到《国语》；从《论语》到《左传》；从唐诗

到宋词；从屈原到李白；从韩愈到苏轼……

"关关雎鸠，在河之洲。窈窕淑女，君子好逑"
"学而不思则罔，思而不学则殆"
"长太息以掩涕兮，哀民生之多艰"
"但愿人长久，千里共婵娟"

各种经典句子，诗词，散文以班报为媒介，逐步深入到大小读者的心中，成为隽永的国学积淀，提升了学生、家长以及老师对国学经典的鉴赏能力。

第三节　构建国学课程，拓展生命成长渠道

国学课程是对少年儿童进行中华民族优秀传统文化教育的启蒙课程，是我校校本课程中的必修课程之一。《国家"十一五"时期文化发展规划纲要》中指出，将在有条件的小学开设书法、绘画、传统工艺等课程，中小学各学科课程都要结合学科特点融入中华优秀传统文化内容。基于此，学校开设了玉林附小国学校本课程。

1. 课程指导思想

学校赋予学生中华几千年的文化积淀，学生也许要用几十年来消化。读经诵典可不求甚解，让传统文化陶冶性情；读经典只求理解感悟，使濡染熏陶的过程让学生终身受益。

思想上既要在"修身立人"方面收到好的道德教育的效果，又要在"经世致用"方面让青少年儿童学习和继承古圣先贤的宝贵知识和智慧，从而熔古铸今；在方法上将文句诵读与精神移植相结合，与常规教育和

养成教育相结合，让学生在"铭言、知理"的基础上不断"塑形、矫形"。诵读不与考核挂钩。

2. 多种形式的课程设置

（1）经典诵读课程

两个课堂——为保障开展经典诵读的时间和空间，学校以语文课和选修课两个课堂为经典诵读的主阵地。

在第一课堂中，在不影响语文学科学习的基础上，建议语文老师每周拿出一节课用于国学诵读。为补充时间的不足，学校规定每天二十分钟早读时间，中午十分钟读报时间为国学诵读的固定时间，早读由语文老师对学生的国学阅读活动进行指导和帮助，如指导、推荐、积累、互动、欣赏、汇报；中午时间班主任组织学生开展诵读。另外指导学生充分利用课后时间分散阅读，方式可以根据学生实际情况自主选择，但必须保证每周在校学习时间不少于六十分钟。

逐渐地，学校又大胆地把国学引进课堂，只要有机会，老师们就会在自己的教学中引进国学教学。视其情况，这样的国学教学有时候是一堂四十分钟的大课，有时候则只是一堂仅二十分钟的小课。

围绕国学墙上的甲骨文"孝"字，玉林附小老师就设计了一堂国学教学课。吴涛华老师在 PPT 上出示一个金文"孝"字，引导学生说：古语说"百善孝为先"。一切善行都是从孝开始做起。来看金文"孝"字最初的字形，它的上部像一位白发苍苍的老人，下边像一个跪拜的孩子。同学们，再猜猜，这样的字形，它有什么含义呢？同学们争先恐后地回答："关心老人"，"关爱老人"，"照顾老人"……接着吴老师又出示南宋哲学家朱熹书写的"孝"字，老师进一步引导学生理解"孝"字的含义：《说文解字》中这样解释"孝"字的含义——善事父母者。用现在的话来说就是善待父母、对父母好，这样做就是孝。南宋的哲学家朱熹对"孝"字有深刻理解。他写的这个"孝"字称为天下第一孝字。朱熹把字的形、义、情巧妙地融为一体。把整个字拆为上下两部分仔细观察：上是"老"字的半部，下是"子"字。上半部右边横、竖、撇笔画连接，就如同一个人，弓着身子，抬着头、双手作敬奉之状；左边却像猿猴的脸形，意喻不孝不敬之人，就如同动物一般是还没进化的猴子。下半部是一个完完全全的"子"字，意喻要孝敬父母、老人。我们知道，书法讲究意在笔先，朱熹是借此字告诫大家，只有尊老孝敬才有资格仰不愧于天。吴老师在课堂上通过上面的"识字明孝"以及后面的"百姓咏孝"（诗经里关于"孝"描写）、"圣贤论孝"（孔子在《论语》里对"孝"的阐述）几个活动环节，让孩子们在几千年历史长河里感悟华夏民族关于"孝"的优良传统。

在第二课堂中，多年来玉林附小坚持了星期三下午的选修课时间，开设了《论语》选读、《诗经》选读、唐诗宋词选读等选修课。在专门的老师指导下，一起诵读，一起赏析，一起归类。学生在这样的课堂中，走入了历史，走近了作者，见识到了平时课堂中无法顾及的名句、诗词的内涵。下面是国学赏析课的一个片段。

元夕的美好

和上学期一样，某班每周有一节诗词欣赏课。

这学期开学较早，第一周的周末是传统的元宵节。于是，在这周五的诗词欣赏课中学生们赏析了辛弃疾的《青玉案·元夕》。

课前，学生们查找了许多和元宵节有关的资料，有关于来历的、有关于习俗的、有关于传说的、有关于故事的。当然，少不了的是关于元宵节的诗词佳作。

慢慢来，在赏析诗歌的时候要慢慢来。

先从元宵节的来历说起——元宵节是中国的传统节日，早在两千多年前的西汉就有了，元宵赏灯始于东汉明帝时期，明帝提倡佛教，听说佛教有正月十五日僧人观佛舍利，点灯敬佛的做法，就命令这一天夜晚在皇宫和寺庙里点灯敬佛，令士族庶民都挂灯。以后这种佛教礼仪节日逐渐形成民间盛大的节日。该节经历了由宫廷到民间，由中原到全国的发展过程。

再来说元宵节的习俗：舞狮子、吃汤圆、观灯会、猜灯谜……孩子们的兴趣开始浓烈起来，纷纷说起自己的元宵节来——有说自己如何包汤圆的，有说自己去看过的灯会，有说自己很会猜灯谜……

情绪来了！不知不觉中，学生们就点燃了自己的学习情绪。是学这首词的时候了！学生们一起读：

青玉案·元夕
【宋】辛弃疾

东风夜放花千树，更吹落，星如雨。宝马雕车香满路。凤箫声动，玉壶光转，一夜鱼龙舞。

蛾儿雪柳黄金缕，笑语盈盈暗香去。众里寻他千百度，蓦然回首，那人却在，灯火阑珊处。

古代词人写元宵节的词，不计其数，辛弃疾的这一首，却没有人认为可有可无，因此也可以称作是豪杰了。

学生们读出了景："火树"是固定的灯彩，"星雨"是流动的烟火。东风还未催开百花，却先吹放了元宵节的火树银花。它不但吹开地上的灯花，而且还从天上吹落了如雨的彩星——燃放的烟火，先冲上云霄，而后自空中而落，好似陨星雨。车马、鼓乐、灯月交辉的人间仙境——"玉壶"，那民间艺人们载歌载舞、鱼龙漫衍的"社火"百戏，极为繁华热闹，令人目不暇接。

学生们也读出了人：游人中，一个个雾鬓云鬟，戴满了元宵特有的闹蛾儿、雪柳，这些盛装的游女们，行走过程中不停地说笑，在她们走后，只有衣香还在暗中飘散。这些丽者，都非作者意中关切之人，在百千群中只寻找一个——却总是踪影难觅，已经是没有什么希望了……忽然，眼睛一亮，在那一角残灯旁边，分明看见了，是她！是她！没有错，她原来在这冷落的地方，还未归去，似有所待！

读着，读着……

对于学生们来说这已经足够了，在这样的节日里，我们读到这样的美好的词；在这样的日子里，孩子们牵起爸爸妈妈的手，一起去看灯会，吟唱着这首《青玉案·元夕》，这就是元夕的美好！

（2）国学拓展课程

除经典诵读外，学校还努力探寻着学生能进一步传承经典的其他渠道。从对中国书法文化和民族乐器的研究中，我们看到了书法、民乐艺术中所蕴涵的生生不息的民族精神，其教化功能虽不是万能的，然而却是非常宝贵不可替代的。研究书法对国学的承载有举足轻重的意义，研究国学自然与书法有血肉相连的关系；"东方魔琴"二胡则是中国的经典传统乐器，其音色优美、婉转，深受人们的喜爱，音乐对人的感染力比其他形式的阅读与传教更形象与深刻。于是，学校尝试将书法、二胡引进课堂。

2008 年 9 月起，学校开设国学经典诵读书法校本课程（1—3 年级开设硬笔书法，4—6 年级开设软笔书法）；2009 年 2 月起，开设二胡校本课程。每周一节国学经典诵读书法课，一节二胡课，学生在习学琴棋书画的过程中，陶冶博雅性情。在欣赏书画名篇、二胡名曲的过程中，充分领略民族文化、民族器乐的巨大魅力。同为中华文化精髓的古典艺术、古典文学，它们已密不可分。这样的环境，为国学经典诵读的展开也提供了无声的支持。

3. 分年段的诵读教材

2006 年，玉林附小成立《国学校本课程开发》课题组，在对各种版本的诵读教材逐一甄别后，选编并开发了适合该校学生的训练教材。

教材的选定体现阶段性，必读内容为《弟子规》，结合不同年段特点，选读内容低段为《唐诗三百首》、《弟子规》、《三字经》；中段则背诵《论语》、《诗经》以及分类别（"春"、"夏"、"秋"、"冬"，"山"、"水"、"雨"、"学"、"爱国"、"友情"、"读书"、"边塞"）背诵《唐诗》、《宋词》；高段阅读《中华上下五千年》、四大名著以及《史记》、《大学》等。

对选读教材的使用，各位教师根据自身、班级实际适当拓展：关注所增选内容的难易程度，以适应学生的年龄特点；关注所增选内容的价值取向，以利于学生的健康成长；关注注释模式的简单明了，以便于学生理解和背诵。同时将中国文化精髓与时代精髓相融合，教材结合教学内容设置课后讨论和实践。

4. 简易"三百"的诵读方法

采取简易"三百"诵读法。每天平均读"一百字"，每天尽力念"一百遍"，每个读经典的学生都得"一百分"！诵读及评价情况及时反馈在《课外阅读手册》上。

一百个字左右的经文，一般儿童大约反复五十遍就会背。一分钟可以念两遍，念一百遍最大需求是五十分钟。家长可安排孩子上学前、放学后、饭前、饭后、睡前各几分钟来念。

5. 督促落实的达级要求

仅仅是背诵，仅仅是要求学生去做，还无法激起大多数学生背经典的兴趣。所以，学校教导处专门制定出"国学达级"活动方案。通过达级这一形式掀起了学校大多数学生背诵经典的高潮。

玉林附小国学诵读阶段要求

诵读内容：

一年级上期：《弟子规》；下期：《小学生必背古诗词》36 首

二年级上期：《三字经》；下期：《小学生必背古诗词》36 首

三年级上期：《大学》；下期：《将进酒》、《蜀道难》、《梦游天姥吟留别》

四年级上期：《春江花月夜》、《出师表》、《论语》（1—3 篇）；

下期：《陋室铭》、《茅屋为秋风所破歌》、《论语》（4—6 篇）

五年级上期：《论语》（7—13 篇）；下期：《论语》（14—20 篇）

六年级上期：《小石潭记》、《岳阳楼记》；下期：《醉翁亭记》、《爱莲说》

第一章 环境润泽，触摸经典

诵读时间：课前5分钟，早读，中午广播。

诵读检查：

学期最后一月第一周检查，分三个等级评价，能熟练背诵每期要求1/3为C级，2/3为B级，全部为A级。鼓励学生成为A级，根据学生实际情况，不强求。但至少达到C级。也可鼓励学生提前完成，随时达级均可。

检查形式可以是教师、学生相互、家长、小组，目的是鼓励学生更好地诵读。

教导处期末最后一月第二周抽查。每班抽选学生背诵。

国学经典诵读课程和书法、二胡拓展课程在学校的开展，使教师、家长、学生一起走上诵读之旅，令经典琅琅上口的韵律，更显和谐，如春风化于雨，浸润心灵。同时学校也深刻认识到：国学课程的设置，应符合学生的年龄特点。在内容选择上，必须根据学校特点、师资条件和学生的认知水平、兴趣爱好作出科学选择。可广泛地将书法、民族器乐、象棋、古筝、国画、剪纸等纳入，努力做到国学经典诵读与传统课程设置的和谐共生。

国学复兴的呼声甚高且势在必然，国学学科建设的步伐必须加快。而我校国学课程的设置和实施才刚刚起步，很多方面还在摸索之中。但只要我们努力实践、勇于探索，相信一定会逐步得以完善。

第二章

➡经典诵读，植入日常

传统典籍中的千古美文和警句范文涵盖的内容丰富多彩，老师无法让学生广泛涉猎，而是根据教育目标的指向性有针对性、有计划地精选内容。同时，玉林附小把国学经典诵读活动纳入到学校教育教学工作体系，坚持清晨一读，午间一诵，晚间一省。努力让经典诵读植入每一个"寻常"时刻。

以"趣味式"植入学科课堂——以语文学科教学为主力，每周一节经典诵读指导课，不强求会背、会写，以契合学生自身的多种教学形式让学生始终保持"乐学"状态。

以"滴水式"植入日常环节——国学经典博大精深，礼仪教育却贵在坚持。在学生日常教育中融入国学经典，将习惯与礼仪教育的研究覆盖到学生一日生活的方方面面，努力做到"知行合一"。德育处对照《弟子规》中的礼仪要求，检查行为，及时评价，标本兼治，促进习惯的养成。如当学生读了《弟子规》后，我们就常用"房室清 墙壁净 几案洁 笔砚正 列典

籍 有定处 读看毕 还原处 虽有急 卷束齐 有缺坏 就补之 非圣书 屏勿视 蔽聪明 坏心志"来严格要求学生，促学生养成良好的行为习惯。

以"丰富性"植入社团活动——第二课堂增设与国学相关的兴趣活动：书法、二胡、国画、乐曲欣赏、国学赏析等。

以"主题式"植入大型活动——根据诵读内容，把诵读活动与感恩教育、生命教育、传统节日、集体朝会等活动结合，开展丰富多彩、健康有益的主题诵读活动。如快乐天堂四（4）中队展开"孵蛋"行动，体会了妈妈十月怀胎的辛苦。博雅中队五（2）中队组织观看了《企鹅帝国》，真切感受到母爱的伟大。小飞侠中队六（2）中队则开展"读万卷书、行万里路"读书活动。

以"体验式"植入实践活动——立足诵读激趣、行为强化，开展系列古诗诵读活动。

以"互动式"植入学生家庭——充分调动家长在教育中的力量，让家长亲眼看到家校的力量合在一起以后给学生带来的变化，让家长的成功卷入，强力推动诵读活动的深度、广度与影响社会的力度。

诵读与家校、与学科、与活动的结合，使教师、家长、学生一起走上了诵读之旅。

第一节　诵读国学经典，晨吟晚诵浸润生命

  ……子曰：知之为知之，不知为不知，是知也。子曰：不愤不启，不悱不发，举一隅不以三隅反，则不复也。……

  ……凡是人，皆须爱，天同覆，地同载……

  ……勿以恶小而为之，勿以善小而不为……

  晨曦微露之时，学生们用稚嫩的嗓音吟诵出这样的国学经典，他们或摇头晃脑，或闭目轻吟，或轻抚手掌……恍惚间，你会误以为自己走入了历史，走进了国学课堂。岂不知，这一场景对于玉林附小而言，只是无数个清晨中的一个。

  亲近国学，吟诵国学经典已经成了玉林附小老师和学生的必修课，晨吟晚诵国学经典已是玉林附小人的习惯。

  玉林附小每个年段的学生都有诵读的重点，低段主要吟诵《唐诗三百首》、《弟子规》、《三字经》；中段则背诵《论语》、《诗经》以及分类别背诵《唐诗》《宋词》；高段阅读《中华上下五千年》、四大名著以及《史记》、《大学》等。六年毕业之时，学生们不说是诗书满腹，至少也能做到在谈吐间有雅致之言不绝于口，挥毫间有精妙之语现于文字之中。

  "我推荐的景点是位于成都西郊的望丛祠。它是为纪念古蜀王望帝杜宇和丛帝鳖灵的祠堂。那里古木参天，百鸟齐鸣，是个幽静的地方。李商隐在《锦瑟》中曾提到过望帝——杜宇'庄生晓梦迷蝴蝶；望帝春

心托杜鹃。'"

"我补充：蜀王杜宇是一个农业方面的专家，他常在广袤的原野上手把手地教人们耕地、播种，死后，仍然心怀农业。每年三月，就变成一只杜鹃鸟，四处催促人们不忘农时，赶快播种。"

"自从汉朝的李冰父子治服了岷江水后，我们的天府之国就不再有饿殍，有诗为证：都江堰耸二王庙，李冰凝神授带飘。鱼嘴中分江诸水，飞沙堰里浊浪高。清流直下宝瓶口，离堆千载怨声滔。沃野无垠天府裕，从此天下绝饿殍。"

"魄依钩样小，扇逐汉机团。细影将圆质，人间几处看。成都锦江旁望江公园的翠竹丛中，唐代的女诗人薛涛就曾在这里抚琴吟诗。她柔美甜润的嗓音把一首《月》表现得淋漓尽致。恍惚间，我们已看见那如钩的细月在一天天变圆，仿佛织成的团扇……"

"先帝创业未半而中道崩殂；今天下三分，益州疲弊，此诚危急存亡之秋也。……诚宜开张圣听，以光先帝遗德，恢弘志士之气；不宜妄自菲薄，引喻失义，以塞忠谏之路也……这是敬奉在成都武侯祠里的蜀国丞相诸葛亮写下的《出师表》，他一再劝勉刘禅要近贤臣、远小人，执法严明，广开言路，以此兴隆蜀汉、北定中原，表现出一位政治家励精图治、鞠躬尽力的忠贞气节。此文论述精辟透彻，情辞严正恳切，打动人心。可谓'出师一表真名世，千载谁堪伯仲间'，从此后代许多为官者都爱以这里面的经典句子作为自己行事的准则。"

听了上面这些引经据典的对话，不知道的，还以为是大学生们的一场关于诗文的讨论会，其实这不过是玉林中学附属小学四年级的一堂国学课——《成都古韵》。这是老师在引导学生收集查找有关成都的古代文人，古代诗文后的一堂汇报课。听着学生们雅致大气、极富书卷气的对话，看着学生们举手投足间的优雅以及到他们眼眸中闪烁出的智慧之光，后排听课的老师们微微颔首，眼里全是赞许的目光。

像这样的国学课堂，在玉林附小的每个年级，每个班都有开展。我们以年级为单位选择一个共同的主题来研讨，并自筹教材指导学生们进行细致研读。

一年级的学生研讨的是以"春天"为主题的唐诗"竹外桃花三两枝，春江水暖鸭先知。""日出江花红胜火，春来江水绿如蓝。""碧玉妆成一树高，万条垂下绿丝绦。"这些有关春天的诗句从可爱的一年级的小学生嘴里吟诵出来又有了些格外的情趣。

今人不见古时月，今月曾经照古人。从古至今，人类就有一个永恒不变的朋友，那就是月亮。古往今来，又有多少诗人将月的美托付于凄美动人的千古词句。二年级的老师和学生们因为研读有关月亮的诗词，连平日里说话都有了"月"的柔美。他们读《西江月》享受"稻花香里说丰年，听取蛙声一片"的喜悦；体会《念奴娇》里"我醉拍手狂歌，举杯邀月，对影成三客"的狂放；感悟《水调歌头》中"明月几时有？把酒问青天。不知天上宫阙，今夕是何年"的思念之苦。

三、四年级的师生已经共同走进了《论语》，徜徉其中，用心地研读着圣人孔子以及他的三千弟子、七十二门徒的对话。他们读到了《论语》的精髓，读懂了孔子的思想。他们用《论语》来指导自己的学习："学而时习之，不亦说乎？""不愤不启，不悱不发，举一隅不以三隅反，则不复也。"他们用《论语》教育自己诚信："吾日三省吾身——为人谋而不忠乎？与朋友交而不信乎？传不习乎？""人而无信，不知其可也。""大车无輗，小车无軏，其何以行之哉？"他们还在《论语》中懂得了孝道的重要："弟子，入则孝，出则弟，谨而信，凡爱众，而亲仁。"

五年级研究的主题则是与"礼仪"有关的所有古训，小到如何饮食，大到治国为官。六年级毕业在即，他们把"离别"这一感受作为自己的研讨主题。离别是历代文人墨客最爱表现的主题，所以，学生们收集的诗文题材多样，内容丰富。在收集研读的过程中，学生们更懂得了珍惜在小学学习的最后时光，更加深了同学的情谊和师生间的感情。

把家庭的"亲子阅读"与学校的诵读结合起来也是玉林附小国学诵读的一个方面。学生每日在校背诵后，回家与父母再背诵，达到"温故而知新"的目的。四年级一位家长在与老师交流时说：

我按老师的要求，天天教女儿背诵古诗、宋词，一首一首，一字一句地教；也教她背诵《道德经》，尽管拗口难学，女儿还是咿呀学语般地背诵了下来，"道，可道，非常道；名，可名，非常名……"；我们让她背诵，其实并没有要求很多，就是让她有所记忆，想着以后长大的她，能够从老子的这些经典语句中，学习到大智慧，学习到正确的人生观和价值观。当时的我们并没有意识到，已经将国学的基础扎根到女儿幼小的心灵，起到了很好的效果。

五年级一位家长在《学国学，我们与孩子共进步》一文中写到：记得在孩子刚上小学一年级的时候，自控能力非常差，一点时间观念都没有，每天放学回来总会找出各种理由出去和小朋友玩"一会儿"，好不容易坐在书桌前做作业也是心神不一，为此我感到特头疼，到时总忘不了对他深情地朗诵着关于惜时的佳句，如宋代岳飞的《满江红》的"莫等闲，白了少年头，空悲切"，晋代陶潜的《杂诗十二首》中的"盛年重来，一日难再晨，及时马勉励，岁月不待人"等，可没想到儿子也会装模作样地对你来句"妈妈，我知道，还有'一寸光阴一寸金'呢!"说完还是边写边玩，真让人哭笑不得。忽然，我眼前一亮，看到了儿子那段时间正感兴趣的《三字经》，不由得大声朗诵起来："子不学，非所宜，动不学，老何为!"或许正是这朗朗上口的三字经吸引了儿子，又或许他听明白了其中的意思，孩子又安静下来做作业了。

教师和家长带动学生诵读经典的过程，除了成人对孩子潜移默化的影响外，实际上也是教师和家长自身提高的过程，教师和家长与学生们共同走进中华传统文化，不断提升自身的文化修养，陶冶自身的道德情操。

第二节　吟唱经典雅乐，婉转吟唱净化心灵

每到中午的广播时间，校园广播就会播放一段古琴、一曲二胡，在悠扬、空灵的琴声后便是《学唐诗》、《弟子规》、《静夜思》、《春晓》、《咏鹅》、《踏雪寻梅》、《长歌行》等配乐古诗文歌曲，婉转的乐曲声中，全校的学生自觉地跟着轻轻吟唱。

"……百川东到海，何时复西归。少壮不努力，老大徒伤悲……"

"……弟子规，圣人训，首孝悌，次谨信……"

"……春眠不觉晓，处处闻啼鸟……"

"……举头望明月，低头思故乡……"

"……人生得意须尽欢，莫使金樽空对月。天生我材必有用，千金散尽还复来……"

悠扬的歌声带着学生们穿越厚重的历史，感受汉乐府歌谣"质而不俚，浅而能深，近而能远"的朴素而自然的情感；与诸子百家对话，聆听他们犀利的辩风，敏锐的思想以及以民为本的大爱精神。他们在歌声中读懂了唐诗的华丽与大气；他们在歌声中领略到宋词的婉约与清丽；他们在歌声中再次知道"唐诗里有画，唐诗里有歌。唐诗是祖先在向我诉说"。

春江潮水连海平，海上明月共潮生。

滟滟随波千万里，何处春江无月明。

一曲《春江花月夜》更是把学生们带入了"江水、天空成一色，没有些微灰尘，只有明亮的一轮孤月高悬空中"的美景中。那如歌如诉的琵琶声在校园内缓缓流淌，似丝般柔美，似水般清纯，和着浅唱低吟，让听者如梦，让闻者似幻，只渴望"但愿长醉不复醒"。

一位位老师在教育随笔里发表了这样的感慨：

才进校园，音乐室已传出了柔和、深情的乐音。循着乐声，我有些不解：这不是《阳关三叠》吗？这么小的孩子能听懂这一唱三叹，一叹三叠的古曲吗？为探究竟，我来到音乐室。只见二年级的学生们正在老师的组织下专注地听着呢。有的瞪大眼睛，努力想听出些什么；有的闭目趴在桌上，一副陶醉的模样。就在这时，一个学生站了起来："老师，以前我就会背王维的这首《送元二使安西》了（生背诗）。可以前背诗和今天听音乐感觉很不一样，今天听着音乐，我觉得他的朋友可能再也不会回来了，今后王维再也没有好朋友可以谈心了。不然曲子怎么会那么让人伤心呢？我都想哭了……"

那一刻，我释然了。其实不必有那么多的担心，音乐也好，诗歌也罢，相通呀！

第三节　绘画经典诗文，诗情画意七彩童心

给古诗配画，给宋词插图，用连环画画出名著中的故事；把诗歌按作者、内容、主题分类，办成手抄小报……这也是玉林附小学习国学的另一方式。

每一学期的读书节活动中，学生们会用一周的课余时间来专心收集资料，然后用自己喜欢的方式画出经典诗文，做到画中有诗，诗中

有画。

《石壕吏》是唐朝的诗圣——杜甫用"乐府"这种艺术形式记载的一个真实故事。此诗对于小学生而言，有些不易理解。然而，一名三年级学生因喜欢杜甫的诗，便通过自己查找史料，收集资料，读懂了这首诗，并用连环画画出了这个故事。

在她画笔下的"老妇"满脸沧桑，布满"沟壑"的瘦脸上分明写着"食不果腹"的艰辛生活；然而老妇的啼哭，诉说并没能唤醒差吏们的良知，画中的他们满脸鄙夷，双手抄于胸前，眼神漠然，显示了他们对此种哭诉司空见惯的冷酷；画中，还有惊慌失措，越墙仓皇而逃的老翁，衣不蔽体的儿媳以及愤怒的投宿者。

甚至诗歌以外的情景，也在这个三年级学生的笔下淋漓地展现了出来：三个儿子的遭遇，老翁回家后不见老妇影子，只见面黄肌瘦的儿媳和小孙儿啼哭的画面。那画面所表达的情绪是无奈，是孤寂、冷清以及欲哭无泪的恨意……

学生们就是这样，通过"画"这种艺术形式，把自己对诗文的理解表达了出来，还在原文的基础上，加上了自己的艺术联想。不能不说是一种成功的学习方式。

在这样的活动中，还有许多的精彩涌现，有编画《三国演义》中的《草船借箭》；有改编《水浒传》里《武松打虎》绘画成《新武松打虎传》；有画李煜的《虞美人》、苏轼的《赤壁赋》；还有用画夸张地表现《西游记》的特色人物……可谓精彩纷呈，让观者驻足，流连其中，不忍离去。

第四节 编演四书五经，自编自演回归本真

每周星期一是学生们最快乐的时光。因为在升旗仪式上，大队辅导

员吴老师精心编排了学生们喜闻乐见的短剧，用小演员们的生动精彩的表演让学生们了解古代礼仪，并进行行为示范。学生们跟着时而背手，时而趋步，学得津津有味。如今学生们知道了对长辈的礼仪：长者先，幼者后。长呼人，即代叫；人不在，己即到。称尊长，勿呼名；对尊长，勿见能……知道了进餐的礼仪：对饮食，勿拣择，食适可，勿过则。学生们了解了在家、出外、待人、接物与学习上应该恪守的各种守则规范。

另外，周一这一天，各班还会轮流派学生代表进行精彩的班级国学诵读汇报演出。学生们非常有创意地把国学的精髓部分用"读、唱、讲、品、书、画"等多种艺术形式展示出来。

五年级的小品《晨起》为我们展示了起床、饮食、穿衣的讲究，他们讲述的是"晨必盥，兼漱口；便溺回，辄净手。""对饮食，勿拣择，食适可，勿过则！""冠必正，纽必结，袜与履，俱紧切。置冠服，有定位，勿乱顿，致污秽。衣贵洁，不贵华，上循份，下称家。"

除此之外，一年级的唱诗，二年级的快板说诗，三年级的谈话说《论语》，四年级快慢有致的诵读，六年级的现场挥毫画国画都让师生难以忘怀。

在第六届校园艺术节上，以年级为单位自编自演的"演国学经典"更是让与会者难以忘怀。让我们把目光移向当时的演出现场。

姿容美艳，性敏慧，8岁能诗，洞晓音律，多才艺，声名倾动一时的唐朝女诗人"薛涛"轻舞着罗裳，怀抱着"琵琶"，行不露足，款款而出。只见她轻启朱唇，一首"水国蒹葭夜有霜，月寒山色共苍苍。谁言千里自今夕，离梦杳如关塞长"似清空一气，藏无数曲折，令观者恍惚见到一派蒹葭与山色"共苍苍"的景象，令人凛然生寒，不由得黯然神伤……

"羽扇纶巾，谈笑间，樯橹灰飞烟灭。"苏轼笔下的"诸葛亮"戴着青丝绶的头巾，踱着方步，潇洒从容地走上舞台，他挥手间，显示出大将的风度，谈笑间，改变了必输的战局……

"先帝知臣谨慎，故临崩寄臣以大事也。受命以来，夙夜忧叹，恐托付不效，以伤先帝之明……""……臣鞠躬尽力，死而后已……"当这些言明心志的诚恳之句从"小诸葛亮"的嘴里缓缓吐出时，观众席里一片寂静，人们的眼中竟有了盈盈的泪光，不知是为"亮"的忠诚而感动，还是为扶不起的"阿斗"而痛惜。

须眉白发的"孔子"身着自制的长衫，手执竹简，转身踱步上前，面对他的七十二名弟子，徐徐道来："吾十有五而至于学，三十而立，四十而不惑，五十而知天命，六十而耳顺，七十而从心所欲，不逾矩。"

台上的精彩带动了台下的学生，他们也不由自主地跟着"孔子"摇头晃脑地背起《论语》来："三人行，必有我师焉。择其善者而从之，其不善者而改之。"顿时，会场上下，背诵声不绝于耳……

第三章

➡ 塑造品德，提升素养

　　国学经典诵读活动，培养学生们的古典文化底蕴和优雅情怀，用这些优秀的传统文化资源充实学生，就是给学生们一把开启心智的钥匙。开展国学经典诵读活动不仅能传承中华文明，弘扬传统文化，而且对引导学生从小树立正确的世界观、人生观、价值观，塑造健全的人格奠定基础。国学经典中所蕴含的传统美德，在潜移默化中塑造着学生的人格，提升着学生们的素养。国学不仅启迪学生的天性，亦作用于成人。国学，教给了老师和家长更多的宽容和理解。国学，带来一所学校整体育人氛围的变化。

第一节　潜移默化，润泽学生心灵

1. 学会了感恩

学生小男（化名）的父母早年离婚，随母亲改嫁后，继父以打麻将为生，每次输了钱，便会打小男出气。于是，小男变得十分冷漠，从不考虑别人的感受。对于同学的求助无动于衷，因此，他和同学间的关系特别僵。

"后来，我带学生们学习、诵读《弟子规》，当诵读到'凡是人，皆需爱，天同覆，地同载'时，解释说人人都需要有一颗关爱他人的心，无论别人贫贱还是富贵，不论别人是丑陋还是美丽，都应该得到爱护。我发现小男的目光变得很柔。"

在诵读《弟子规》、《论语》、《三字经》等国学作品的过程中，"同学们愿意帮助小男了，他们每天轮流送给小男一句鼓励的话。小男也不再拒绝别人的关怀，也能主动帮助他人。现在这个学生已经变了很多，他学会了感谢别人。"

2. 心中有了爱

老师们发现，经典诵读的教育作用是潜移默化的，在学生们的习作中这样写道：

"每天晚上睡觉之前，妈妈总要给我冲一杯热腾腾的牛奶，看着我喝下后，她才满意地转过身，轻轻地拉上房门。我觉得妈妈对我的爱，就像她冲的牛奶一样温暖。""爸爸早上送我上学，我坐在他的自行车后，把脖子缩在衣领里。天气好冷，我呼出的气都变成了白雾。我靠在爸爸背上，问："爸爸冷吗？"爸爸打了个寒战，说："你靠在我身上，我不冷。"不管刮风下雨，我从来都没听到过爸爸发过一句牢骚，我觉得爸爸真的很爱我。"

学生们语言中已包含了一颗能感受到爱的心，我们有理由相信，学生心灵的触角会在此基础上延伸到邻居、同学以及更多的老师，延伸到一切熟悉和不熟悉的人，延伸到整个社会，他们会更完整和生动地体验来自周围的点滴之爱。在感受爱的过程中，他们的心灵也会逐渐被爱浸润和装满，成为一个富有爱心的人。

3. 品德得以塑造

"我是家里的独生子，以前在家吃饭很挑剔，自从读了《治家格言》中的'一粥一饭，当思来处不易；半丝半缕，恒念物力维艰'的语句之后，我更加明白了'谁知盘中餐，粒粒皆辛苦'的道理，吃饭时即使掉在桌子上一粒米也要捡起来吃掉。"三年级的吴奇同学这样说。五（1）班的陈相龙在诵读感言里这样写道："在学校我常常和同学因一点小事就吵架、翻脸。当我读到'兄道友，弟道恭，兄弟睦，孝在中'的时候，我的脸'唰'地一下红了，因为我常常是不宽容一些小事。现在我知道了怎样和同学相处。"

童蒙少年时期是人格的奠定时期，在学生心灵最纯净、记忆力最好的时候接触独具智慧和价值的经典，必将使学生们在诵读吟咏中逐渐培养良好的品质。

4. 语言素养得以提高

据老师们反映，学生们通过诵读经典名作，不仅可以学到许许多多的知识，知晓方方面面的道理，而且可以使语文课内学习得到有益的补充，作文中、课堂上学生不时引经据典，听说读写能力在不知不觉中提高。如今老师们已经尝到了"甜头"，学生们不仅语文学习能力提高，其他科目的学习成绩也有所上升。另外，学生学习的自信心也增强了，学习的兴趣提高了，他们自己创办诗社，相互交流学习体会，共同提高。

第二节　行动引领，改善家庭氛围

国学经典诵读活动刚开始时，许多家长要么对学生学习经典诵读表示无所谓，要么心存疑问：学这些老古董有什么用？于是学校定期对家长开展国学培训。此项活动由喜爱此项工作并有特长的老师担任讲师，选取国学中"礼"的部分，采取社区居民喜闻乐见的方式，推动国学诵读活动的广度、深度开展。通过"小手拉大手，儿童带家长"的方式，一些家长自觉加入到经典诵读的行列。

而如今家长们的态度也已发生了明显变化。很多家长反映，如今孩子们变了：孩子回家进门就叫妈妈，出门也知道道别了；过去连扫把倒了都不扶一下的孩子竟然知道打扫清洁、帮忙做饭洗碗了；还有些嫌弃爷爷奶奶啰唆的孩子学会了耐心地倾听，还知道给老人家们梳头；更有一个小孩的母亲告诉老师，她的孩子回家后竟然拿起指甲刀给她和孩子的父亲修起了指甲，当时弄得这对夫妇"受宠若惊"……

今天，我生病了，躺在床上天旋地转，他爸爸又出差了。儿子一会儿给我买药，一会儿给我熬粥，望着累得满头大汗的儿子，我有些心疼叫他别干了，他调皮地唱起了"羊有跪乳之恩，鸦有反哺之义……"听着这穿越时空而来的杳杳之音，我有些泪眼婆娑。要知道一年前的他可是让人头疼的小霸王。

(家长来信)

家长们说，国学经典诵读让传统文化走进了学生的日常生活，走进了他们的家庭，规范着他们的日常行为，成为学生们成长路上的"指南针"。

许多家长表示，经典诵读的内容让他们也重新受到了教育。看过学校举办的"诵经典美文，展艺术风采"活动后，有家长由衷地感慨："学校真是用心，用心的家长也一定会从这样的活动中受到许多的启发、受到很好的引领。"

第三节 活动辐射，提升社区品味

"玉不琢，不成器，人不学，不知义……"，假期里，肖家河社区活动室里传来了阵阵国学诵读的声音，这是一群来自社区的小朋友、大朋友正跟着志愿者们在学国学呢！这些志愿者来自玉林附小高年级同学，以及已经毕业正就读初中、高中的学生。

活动中，社区为居民们赠送了《三字经》和《弟子规》等经典国学书籍，并通过声情并茂、深入浅出的解说帮助大家理解，使原本枯燥难懂的国学经典词句变得通俗易懂。之后，志愿者们带领大家朗读了部分篇章，加深了大家的记忆，起到了良好的效果。社区居民纷纷参与其中。有位居民感慨道："这些句子以前只是听过，今天总算是听明白了，真希望你们多开展些这样的活动。"

悠扬的二胡声响起，清脆的笛声应和，婉转的琵琶声、古筝声中，学生们作为社区的一分子与爷爷奶奶、爸爸妈妈同台展示。这样的活动吸引了社区许多居民参与，步行街中央的小广场成为人们最愿驻足流连的地方。正如一位退休老人说："这样的活动多了，麻将的声音就弱了。争吵的声音消失了，人与人之间的笑脸更真诚了。"居民说话都有文化了。

　　各种经典诵读活动，从学校影响到家庭，从一个个家庭的变化，逐步改变了我们的社区环境，既弘扬了我国民族优秀的文化传统，也激发了大家积极参与文明创建活动的热情，为提高居民的文明素质、构建和谐社区奠定良好的人文基础。高品位的社区，重要的不是硬件环境的改变，最核心的是人们的文化品味与社会道德修养的提升。经典诵读，为我们指引了一条光明大道。

▽ 第二章　塑造品德，提升素养 △

第二篇　和谐德育铸就生命成长的道德之魂

　　和谐教育是以受教育者和谐、健康、全面发展为目标的一种教育，它能协调并整体优化各种教育因素，使学校形成一个系统，并使这个系统最优化，以达到创设和谐的育人氛围，使受教育者得到全面、和谐发展的目的。

　　教会学生如何做人，如何适应社会，如何寻求发展，是德育的重要使命。德育，应当关注真实的德育背景和具体的人，应当指向学生生命成长的环境，即指向人与自然、人与社会、人与人的和谐发展。

　　为此，我校选取德育要素中的礼仪教育、心理健康教育，同时又选取德育途径中的环境教育综合实践活动，整体构建和谐的现代德育生态系统。具体而言，就是开展关注"人与人"的礼仪教育，实施课程化的礼仪教育、序列化的礼仪演练活动、互动式的礼仪评价；开展关注"人与自然"的环境教育，构建环境教育三圈课程，即学科渗透环境教育，环境教育校本课程开发，校园绿色文化培育；开展关注"人与自我"的学生心理教育，开设普及性心理健康教育课程，进行特殊学生心理个案研究、学生心理辅导和心理咨询。逐步促成了学校教育各要素间的协调运转，产生了教育合力，获得了"1＋1＞2"的整体效应，学生获得了全面发展。

第四章

→礼仪教育，人际和谐

　　小学生礼仪教育不是一般的礼貌教育，而是一种道德修养的教育、健全人格的教育。在儿童心理与行为发展的关键时期，加强礼仪教育，对儿童形成健全的人格起着至关重要的作用。

　　目前，我国小学生中独生子女比重大，家长溺爱，"骄娇"二气严重，缺乏起码的社会公德意识，主要表现为：以自我为中心、不关心别人、不尊重别人，在仪表行为、言谈举止、待人接物、尊敬师长、社交等方面存在诸多问题，不能很好地适应学习和生活。

　　究其原因，是由于学生大多为独生子女，表现出较强的自我意识和行为随意性。学校、家庭、社会受应试教育的影响，忽视对学生全面素质的提高，放松了对学生思想道德、行为习惯的培养；加之多元文化交织并存，外来文化、网络文化等对儿童的影响越来越大，使得他们往往真伪难辨，难以形成积极的社会价值取向。

虽然国内外教育界对学生进行礼仪教育的重要性已普遍达成共识，但很多地方、学校的礼仪教育往往停留在宣传、号召的层面。特别是中小学教育中，礼仪教育内容没有完全纳入课程体系，学校礼仪教育，其目的性、科学性、系统性不够，没有形成一套相对稳定、科学、系统、规范的操作体系，导致学生学习的礼仪知识不能很好地转化为礼仪实践行为，导致道德教育的"知行分离"现象突出。

另一方面，各类关于礼仪教育的相关研究，各有侧重，但在学校礼仪与社区文明进行整合的研究上都还不够深入，对各类社区教育模式与学校教育的整合探究都还缺少清楚的认识，实施过程中也存在操作性的困难。

作为教育者，我们清醒地认识到：礼仪教育，只有力求创新，才能别有洞天。因此，从2000年开始，玉林附小用了整整十年的时间，依托成都市"十五"规划课题《小学德育中礼仪教育互动过程研究》和成都市"十一五"规划课题《学校礼仪和社区文明的整合研究》，对小学礼仪教育进行了深入的研究。

玉林附小的研究经历了三个非常艰难的探索阶段。课程化、序列化研究阶段；国学介入礼仪教育实践研究阶段；学校礼仪与社区文明整合的深度研究阶段。每一个阶段的结束都像经历了一场蜕变，玉林附小也逐渐认清了前进的方向。

第一节　优化德育系统，探寻礼仪教育新路

2001 年 10 月，《小学德育中礼仪教育互动过程研究》获准列为成都市教育科研"十五"规划首批课题，全国教育科学规划"特级教师计划"专项课题。

课题伊始，玉林附小便确立了研究的思路——一方面从学校目前德育现状出发，优化育人环境，在可操作性这一层面上努力探索德育过程的互动策略及在互动条件下学校德育的新思维、新方法；另一方面，将德育的视角转向与学生的生活紧密相关的家庭生活和社会生活，在大德育观理念下构筑以育人为本的学校、家庭、社会三位一体的互动互促的"德育生态系统"，不断提高德育工作的实效性。

玉林附小以小学德育中礼仪教育为载体，通过对教学内容的改造，创设全新的教育情景；优化德育系统各要素之间的互动关系，创造互动的道德生活和道德主体，消除德育脱离学生实际的弊端，实现突破，走出自己的礼仪教育新路，为现代德育提供建设性的理论、实践经验。为此，玉林附小做出了如下探索与实践：

1．构建礼仪教育目标内容体系

小学生礼仪教育的内容

适应个人生活：主要是举止文明、言谈礼貌、仪容端庄、仪表整齐等。

适应家庭生活：主要是孝敬父母长辈、尊老爱幼、做客待客、与邻居和睦相处等。

适应学校生活：主要是卫生与仪表、上课礼仪、课间礼仪、集会礼仪、与同学相处礼仪、与老师相处礼仪、热爱学校礼仪等。

适应社会生活：主要是行路、乘车礼仪，在商店、影剧院、医院、

公园以及外出旅游应遵守的礼仪。

培养礼仪意识：使学生知道礼仪对于个人生活的重要意义，一个知礼、守礼、行礼的人，才是一个道德高尚、文明的人。

培养礼仪情感：激发学生对礼仪的认同感，知道一个遵守礼仪的人才能得到他人的尊重，不断强化礼仪的成就感，感受到礼仪的乐趣，从而自觉地实践礼仪。

培养礼仪技能：让学生知道现代社会生活中有哪些礼仪规范，应该怎样做，不应该怎样做，通过反复的实践，掌握交往技能，成为知礼、守礼、行礼的人。

培养礼仪品质：通过反复、长期的礼仪行为训练，通过学生的自我锻炼、自我改造，内化为自己的需要，并在交往行为中表现出适应交往环境的比较稳定的特征和倾向。各年段礼仪教育目标内容体系如下：

小学生礼仪教育年段目标内容体系

	第一册（一年级）	
1课	站姿	站如松，标准式、垂手式、握手、背手式
2课	坐姿	坐如钟，入座时、入座后、起座时
3课	走姿	行如风，标准走姿、不同场合走姿
4课	礼貌用语	招呼语、问候语、感谢语、道歉语
5课	升旗仪式	肃立、敬礼、唱国歌、听国旗下讲话
6课	综合演练	
7课	进校	衣着打扮符合身份、整洁，按时、问好、不带食物
8课	上课	课前准备、上下课问好、发言举手、专心
9课	课间	进出教室、上下楼梯谦让、文明休息、保持卫生
10课	尊敬父母	听话、有礼貌、懂礼节
11课	公园游乐园	讲文明、守秩序、爱设施、讲卫生
12课	综合演练	

第二册（二年级）		
1课	敬礼	注目礼、队礼、鞠躬
2课	称呼	老师、同学、亲属、其他
3课	卫生	面、手、头、衣、书包、环境
4课	读书、写字	姿势端正
5课	两操	静、齐、快，动作准、精神佳
6课	综合演练	
7课	办公室	喊报告、交谈、姿势、道别
8课	友爱	同学尊重、关心、帮助、真诚、以礼相待
9课	用餐	餐前、入座、餐时、餐后
10课	就寝	寝前、寝时、寝后
11课	乘车、船	主动购票、礼貌、文明、安全
12课	综合演练	
第三册（三年级）		
1课	礼貌用语	征询语、应答语、赞美语、慰问语
2课	递物、接物	双手、表情、语言
3课	值日	主动、尽责、爱护公物、注意安全
4课	午餐、午休	按时、守纪、不浪费、讲卫生
5课	集会、活动	有序、守纪、文明、听指挥
6课	综合演练	
7课	尊师	问好、接受教导、进办公室、居室、交谈、致谢
8课	待客	迎、待、送客，言语彬彬有礼
9课	做客	按时、主动招呼、交谈、入座、告辞
10课	电话	打电话、接电话、文明使用公用电话
11课	购物	文明、礼貌、客气、排队、致谢

▽ 第四章 礼仪教育，人际和谐 △

12课	综合演练	
第四册（四年级）		
1课	体态语	微笑、鞠躬、握手、招手、鼓掌、回答问题起立
2课	介绍	介绍规则、介绍他人、自我介绍
3课	交谈	态度诚恳、大方、语言亲切、注视对方、礼貌文雅
4课	爱护公物	花草树木、桌凳门窗、水电
5课	做集体主人	集体荣誉感、为集体出力、积极参加集体活动
6课	综合演练	
7课	家务	自己的事自己做、力所能及、用具使用后摆放
8课	拜访	适时、言谈、举止得体
9课	家庭成员	相处礼貌、孝教、问候、尊老爱幼、关心体贴
10课	图书馆、阅览室	安静、爱护、放回原处、及时归还
11课	影剧院	听招呼、安静、鼓掌致谢、不随意提前退场
12课	综合演练	
第五册（五年级）		
1课	言谈	正确称呼、礼貌用语、体态语言、有礼有节
2课	举止	走、站、坐、点头、举手、鼓掌、握手等文雅
3课	服饰	得体、整洁、佩戴红领巾
4课	待人	诚恳、宽厚、有礼有节
5课	与同学相处	团结、尊重、互助互爱、坦诚
6课	综合演练	
7课	包容	恰当克制自己，学会包容他人
8课	与邻里相处	以礼相待、不打扰、公共卫生、互谅互让
9课	医院就医	看病时礼仪、探视病人时礼仪
10课	公共场所	平等待人、以和待人、 团结友爱、助人为乐、尊老爱幼

行走在生态教育的路上

11课	旅游	爱护公共财物、保护环境卫生、礼让他人
12课	综合演练	

（《小学生礼仪》教材目录）

2. 开发"礼仪教育"校本课程

（1）编写小学生礼仪活动课教材——《小学生礼仪》

2001年9月起，学校依据小学生思想品德形成的规律和儿童年龄特征，在"小学生礼仪常规"的基础上，编写了"小学生礼仪教材"（1—5册，供1—5年级学生使用），在一到五年级开设"礼仪课"，每周一节，由班主任执教。

教材以积极适应和主动修养为主线，围绕仪容仪表、家庭礼仪、学校礼仪、社交礼仪的基本内容，以各年级学生的心理特点和接受能力为基础，针对学生生活实际，安排各年级的训练要求和内容。教材经过学校试用，几易其稿，2003年1月，经省教科所组织专家审定，由四川少儿出版社正式出版。

整套教材的编写以积极适应和主动修养为主线，围绕六个方面的基本内容，以各年级学生的心理特点和接受能力为基础，针对学生生活实际，安排各年级的训练要求和内容，进行各有侧重的培养和训练。

每课教材由四大板块组成：

①想想说说：引思，以提出问题，让学生思考的形式揭示课文内容，激发学生兴趣，形成心理认知和情绪动力基础。

②看看读读：明理，图文并茂，通过故事、事例、叙述的形式反映教学内容和要求，让学生明白哪些是正确的行为，哪些是不正确的行为。

③议议做做：导行，创设问题情境、活动情境，学生在合作、参与、体验、感受中调节自己的行为。

④查查评评：反思，让学生在对自身现实的把握基础上进行自身未来的理性反思，达到强化与巩固的目的。如《小学生礼仪》第五册第七课的教材内容：

第七课　学会包容

想想说说

生气、愤怒对于人的心理健康是十分有害的。恰当地克制自己，学会包容他人，你会感到非常愉快。那么遇到令人生气、愤怒的事，你是怎么做的呢？

读读看看

读读下面这则新闻回放，你会想到什么？

新闻回放：据《成都商报》报道，明星版话剧——《雷雨》原定于2005年3月12日晚7：30分在成都锦城艺术宫首映。当晚，艺术宫早已座无虚席，可大家却听到一个意外的消息："……就在演出前，我们演四凤的演员田海蓉因为颈椎病突发站不起来了，所以我们今天晚上的演出被迫取消。"制片人叶惠贤此话一出，成都锦城艺术宫顿时寂静得连根针落地的声音都听得见。"我们这场演出将推迟到后天，后天同一时间、同一地点，我们欢迎大家再次光临。"

其实，为了这个美妙的夜晚，成都观众已做了种种准备，再从这座城市的四面八方赶来，从时间和金钱上的损失来说，他们有充分的理由发泄怨气。但现场观众却自发地、有秩序地退场，无论是场内还是场外，记者没有听到一位观众的抱怨声。1400多名观众几乎都没有提出换票、退票的要求！

这样的大度和大气，成都人毫不犹豫就拿了出来。成都观众和明星演员一起，完美地演出了一出和谐大戏。

生活中我们常见到一些人因不能克制自己，而引发争吵咒骂或打架，甚至流血冲突的情况。有时仅仅是因为你踩了我的脚，或一句话说得不当。在地铁里为抢座位，在公交车上被挤了一下，都可能成为引爆一场口舌大战或拳脚演练的导火索。因此，我们遇到事情时，在面对愤怒情绪时，要学会克制，学会忍耐。千万别像导火索，一点就着。

议议做做

1. 说一说

行走在生态教育的路上

（1）记者为什么称成都观众和明星演员一起，完美地演出了一出和谐大戏？

（2）遇到过和成都观众类似的情况吗？你或者你的家人、朋友是怎么做的？

2. 演一演

（1）商场购物时，不小心被别的顾客踩了一脚……

（2）星期天，童童在图书馆看书，他起身去换书时，原来的位子却被别人坐了……

查查评评

古今中外，许许多多关于宽容、包容的事例，你能收集几个，激励自己并和大家交流一下吗？

各板块的设立体现了如下思想：①学生礼仪素质养成的心理过程（结构）是礼仪训练的基础。②学生活动是礼仪训练的前提。③情境的创设是礼仪训练的保障。④实践是礼仪训练的根本。

这样，礼仪教育有了较为规范化、系统化、序列化的教材，通过每周一节的礼仪活动课教学，辅之以班级、学校定期的礼仪综合演练，收到了较好的效果，学生礼仪行为表现有了明显的变化。

（2）拍摄、制作音像教材——《礼仪教育系列电视短剧》

小学生礼仪教材虽然较为规范、系统、序列化，仍未从根本上改变德育内容呈现方式上的枯燥、呆板的弊端。要克服目前教师能力的局限和传统德育和教学方法固有的影响，必须在礼仪教育内容呈现方式上，在德育中介上加以更新。因此，2001年9月起，学校在图文教材的基础上，按教材的编排序列，把礼仪教育内容融入生活化的故事情节中，改编成电视剧本，拍摄制成了与图文教材完全配套的礼仪教育系列电视短剧（每课一集，共50集，每集10分钟），与图文教材配套使用。

电视短剧将礼仪教育内容情节化、生活化、故事化，展示了"问题性"（或正面）和"示范性"（或反面）两种生活情境，与学生生活更加接近，且突破了课堂空间的局限，把学生的生活搬入了课堂，把榜样请入了课堂，使学生的日常生活在课堂中得以直观呈现，便于教学互动情境和学生情感体验情境的创设。这样，礼仪教育课程化以及礼仪教育内容呈现方式上的改变，有利于礼仪教育循序渐进的整体把握，有利于互动教育情景的生成，有利于学生品德学习方式的改变，有利于激活学生主动学习、积极参与、自主调整、自我内化，极大地提高了礼仪活动课教学的实效。

"礼仪短剧"全部由我校学生、教师、家长出演，主要演员上百人，群众演员上千人，耗资五十万元，摄制组足迹遍布成都大街小巷，演出的过程就是自我学习、自我教育的过程。

回顾艰苦的拍摄工作，我们不禁感慨万千：社会各界的大力支持（摄制组在电影院、公共汽车、公园、医院、武警部队等地拍摄时，一路绿灯，全部免费）；无数老师的倾情奉献（校长不畏严寒和酷暑，亲临现场严把质量关；老师们不知牺牲了多少双休日，无怨无悔）；广大学生及家长的极力配合……期间更涌现出了许许多多可爱可敬的学生。如，王懋同学暑假放弃和爸爸妈妈回山东威海玩耍的机会，留下来参加演出。

拍摄外景地时，严寒与酷暑，让孩子们着实体验到了演员的酸甜苦辣，他们经受了一次次特殊的考验。时值 7 月，气温高达 36℃，《影剧院里》一集开机了，所有的演职人员聚集在由多媒体教室充当的电影院里，除了把所有的门窗紧闭外，还要拉上厚厚的黑色塑胶窗帘，外加几千瓦的拍摄照明灯——里面的闷热，可想而知！可是，充当群众演员的四年级的孩子们，硬是没有一个人喊苦！

拍摄《镜子里的刚刚》一集时，正值 12 月底的一天。那天，气温骤然下降，演员们都穿上了厚厚的棉大衣，可在瑟瑟寒风中，大家仍然感到了刺骨的寒冷。小演员郭自强和张童生按剧情需要，却只能穿一件薄薄的夹克衫。导演要求他们站在自来水池旁不停地开水洗手、洗脸、戏水。这组镜头一共拍摄了八遍！当导演终于喊"过"时，郭自强的手都开始发抖了。

图文教材突出形式上的生动活泼、图文并茂，内容上的科学化和序列化；音像教材将图文教材内容情节化、生活化、故事化，改变了德育内容呈现方式上枯燥、呆板的弊端。

3. 探索"礼仪活动课"教学互动过程

从 2001 年 9 月开始，学校在一至五年级开设"礼仪课"，每周一节。到 2002 年 9 月，《小学生礼仪教育系列电视短剧》进入课堂，礼仪课堂教学互动过程模式得以逐步探索，形成了"需要—激活—参与—调整—小结"的完整过程。

（1）需要。即通过礼仪教育情景的呈现，提出目标和问题，让学生产生互动的需要。礼仪教育系列电视短剧，是由教师和学生共同演出的故事性、情节性很强的"课本剧"，较容易使学生在观看电视短剧的过程中产生一种互动的需要。

（2）激活。学生的"互动需要"产生以后，需要通过"激活"来启动，使大量的"互动情节"在课堂中展现。电视短剧，在每一个电视故事的结尾处，提供一个与本课内容一致的生活化了的问题，供学生在看完短剧后讨论、交流、评价等，能较有效地激活和启动课堂教学中的"互动"。

（3）参与。在教学中学生表达了一种主动参与的意向和行为，由于教材呈现方式上的变革（电视短剧）必然带来学生学习方式的多样化，促进了使学生有效参与。

（4）调整。在教学互动过程中，通过及时有效的调整，使学生向着"规则"方向上的行为、情感跟进。礼仪教育电视短剧中通过故事情节对"礼仪规则"的呈现将有"示范性"和"问题性"（或"正面"和"反面"）两种，学生对剧中"问题性"情节展开讨论，描述出"示范性"的情节，同时通过小组合作，把这种描述的情节表演出来。学生向着"规则"方向上的行为、情感跟进。

（5）小结。这个教学互动的过程需要循环地展开，即在教学交互过程的转换上，要有"几个回合"，以形成有效的教学互动过程。

教材、短剧和教学活动的设计为学生提供了大量的互动教育情景，能够有效地启动教育者和受教育者主体之间的互动，通过互动，又促进学生向能动的自我教育转化，从而实现其主体素质的真正发展。礼仪活动课的开设，使学生受益匪浅。以下是一个学生礼仪学习的心路历程。

一开学，学校就开设了礼仪课。尽管老师一再强调它的重要性，可在我心目中，再重要，也不及语文、数学重要吧？于是，一上课，耳朵就变成了"穿风耳"。

又是一个星期天，爸爸妈妈要带我去参加婚礼，我乐得一蹦三尺高。

婚礼自然是热闹极了，可对于我这个馋猫来说，婚宴才最具吸引力。于是，婚礼一结束，其他人还没入座，我就抢占了有利地形。可菜还没上，我就只好坐在那儿不停地用筷子敲打着餐具。大概由于声音特别刺耳，妈妈一个劲儿地朝我使眼色。我知道"大事不好"了，筷子一放，赶快坐好了。终于可以一饱口福了。可面对满桌的美味佳肴，我早忘了老师讲过的"餐桌上的礼仪"。碗里的螃蟹钳还没消灭，就开始到别的盘子里东翻西找了。爸爸妈妈见了，又朝我使眼色。我却装着没看见，依然大吃特吃。席间，我似乎看见有人朝我摇头、叹气。

婚宴终于结束了。回到家，爸爸妈妈再也按捺不住，开始对我进行"礼仪教育"："在公共场合进餐，一定要考虑到其他人的感受……你真的应该好好上上礼仪课了。"

从那次起，我开始试着去听礼仪课，发现这里面真有不少我未知的东西。再试着去做一做，慢慢地，我发现，以前我许多的坏习惯竟然在不知不觉中改掉了。

妈妈高兴地说："玉林附小的礼仪课真棒！把我家的'神农架小野

人'变成了温文尔雅的小乖女了。"

——五年级 王夏伊日记

4. 构建小学生礼仪教育训练活动体系

小学礼仪教育的另一个特点是非专业化的。从礼仪课上，以形体姿势训练、戏剧表演训练和行为模拟这几方面来讲，学生既有可塑性强、宜于训练的优点，但更有授课时间少，难以保证训练效果特别是实践效果的困难。因此，既要在课上保证训练手段和方法的专业化、规模化，又要适当开展综合训练活动，以在日常生活特别是在生活常态下运用所学、实践所学、巩固所学，把理论知识用于生活实践，把礼仪意识内化于礼仪行为，把礼仪教育生活化。

（1）广泛开展以礼仪教育为主题的班队活动

为配合礼仪教育活动的开展，在德育处、大队部统一组织下，玉林附小各班广泛开展了多种形式的以礼仪教育为主题的中队活动。这些活动形式多样、内容丰富多彩，贴近小学生的生活。有的以学生喜爱的礼仪小品的形式，对生活中的礼仪行为或赞扬或鞭笞；有的以歌舞、演练的综合形式，让学生在自编、自演中明理；还有的以辩论的形式，使学生在争论中统一了认识。这些活动都具有较高的质量，取得了显著的教育效果。

（2）小学生礼仪教育专题训练活动

学校根据"小学生礼仪常规"，把学生在校礼仪常规分解、渗透到每周德育训练考评之中。制定了《每周礼仪专题训练》，每周一个专题，内容包括：专题名称、周训、规范要求、考核措施、效果评价。礼仪周训共二十条，均用便于儿童接受和理解的方式进行表述。每周升旗仪式利用国旗下讲话时间，有计划、系统地对学生进行"礼仪规范"的系列讲演，提出具体要求。德育处每周利用全校性集合进行排队、进场秩序的训练考评。利用两操时间，进行站、立、行和做操动作规范、整齐划一的训练。利用进校、放学进行敬礼、问好姿态的训练。班主任根据每周

第四章 礼仪教育，人际和谐

教育训练重点和学生的实际，对学生进行"礼仪规范"的学习教育，并负责组织学生个人训练、小组训练、班级训练。学校还增设了"礼仪流动红旗"评比的内容，提出学生礼仪言行方面的评比要求，颁发"班级礼仪流动红旗"。把学生个人的言行与本班集体的荣誉联系起来，促进学生集体主义观念的进一步形成，在年级和班级中形成竞争的局面。

另外，我们还广泛发动和组织了家庭礼仪教育、社区礼仪教育方面的自我实践教育活动。如大队部发动开展的"我为爸爸妈妈洗洗脚"活动：

当大队部刚刚把学校准备开展"我为爸爸妈妈洗洗脚"的活动通知单发下来的时候，同学们（尤其是高年级的同学）的强烈反对简直出乎老师们的意料：

"什么？给爸爸妈妈洗脚？不，打死我也不干！脚那么臭，真恶心！"

"那多不好意思呀！"

"学校怎么会出这种鬼主意？就算我肯，我爸妈也未必肯呀！"

……

听到这些反对的声音，更加强了我们开展这一活动的决心，看来，生活中不是缺少爱，而是缺少发现。能否让学生在活动中有所发现、有所感悟，是这次活动成功与否的重要标志。

于是，各班立即进行了广泛的宣传动员。利用班队会时间，各班以"该为爸爸妈妈洗脚吗？"为题展开了激烈的讨论。在讨论中，学生们渐渐明白了活动的目的，纷纷打消了顾虑。通过洗脚，孩子们明白了父母对自己的辛苦养育，仿佛从那一双双留下了岁月痕迹的粗糙的大脚中，看到了父母的艰辛……

后来，高年级的学生就此写下了一篇篇感人肺腑的日记："……不知从何时开始，我和妈妈渐渐地疏远了。感谢学校开展的这次活动，让我找回了那份久违的亲情，仿佛又回到了儿时，和妈妈深情相拥……"

（3）小学生礼仪教育大型演练活动

学校每期开展"礼仪大型演练活动"。以班级为单位，老师全员行动，学生整体参与，时间跨度长，内容来源于学生实际，真实具体，有教育实效性。有的全方位反映了本班本期文明礼仪教育活动，有的局部反映某一方面的文明礼仪活动或特色性的文明礼仪活动；有的是文明礼仪知识的宣传和学习，礼仪常规的训练和实践；有的则是对具有良好行为的人和事进行宣传与颂扬等。学生将学到的礼仪知识融入自己的生活，创编出小品、诗歌、三句半、歌曲、舞蹈等形式表演出来。集中锻炼了学生的自主性，进一步地规范了学生言谈、举止，使学生的言谈、举止、表演做到落落大方、自然得体、文明规范。整个礼仪大型演练活动，既是赛场，又是学生文明行为的练兵场和班级文明风气的展示台，也是全学期学校礼仪教育活动的总结。

4月20日下午，学校操场举行了一次别开生面的"学生礼仪综合演练比赛"活动。本次竞赛活动包括三个环节——集会礼仪、礼仪知识、礼仪小品及短剧表演。各班的最后得分将是三项比赛成绩的总和。

集会礼仪对学生要求尤其严格：比赛从学生走出教室的那一刻就已开始，在4月的烈日下，学生们要以正确的坐姿一直坚持到观看礼仪表演结束。整整两个小时，没有一个学生以任何借口逃离比赛现场，也没有任何一个学生喊一声累、叫一声苦。学生们以自己出色的礼仪表现经受住了严格的考验。

此次比赛大获成功，不仅使礼仪教育渗入学生心灵，而且使学生自觉地通过自身的言行来遵守礼仪规范。这次演练活动为以后的集会活动提出了新的更高的礼仪要求。

5. **构建小学生礼仪教育管理评价体系**

有比较才有提高，有总结才有进步。为促进礼仪教育良性循环发展，学校建立了礼仪教育考核评价机制。

（1）评价内容。制定了《学生礼仪评价手册》和《家长礼仪评价表》。学生礼仪评价内容包括"个人礼仪、学校礼仪、家庭礼仪、社交礼仪"四个方面的礼仪认知能力和礼仪行为表现，共 42 项细目。考核表部分内容如下：

学生礼仪行为规范考核评价表

考核领域	考核内容	考核标准	自评	父母评
家庭礼仪	起居	按时作息，早起、睡前主动向父母问安		
		个人物品整理好，不乱丢乱放，做好个人仪容仪表的清洁卫生		
	就餐	进餐前请长辈或客人先入座，进餐不发出声音		
		餐后主动帮助家长收拾餐桌、洗刷碗筷		
		不挑食，不浪费食物		
	交往	对父母、长辈使用准确礼貌的称呼；牢记父母的生日，孝敬长辈，逢年过节向长辈问候、祝福		
		出门主动向家长再见，回家主动和家长打招呼		
	孝敬	耐心听取父母的意见，不任性		
		参与家务劳动，积极帮助父母做力所能及的家务		
		体贴父母，不乱花零用钱		

	待客	有礼貌地问候客人并迎送客人		
社会公共生活礼仪	着装	根据场合穿着得体、整洁		
	交通	注意交通安全，遵守交通规则		
		主动给老人、残疾人及有需要的人以帮助		
		遵守公共秩序，爱护公共设施，保持公共场所卫生		
	场所	观看电影或演出做文明观众		
		在图书馆、阅览室等场所爱护设施、遵守规则		
	购物	遵守商场购物规定，对售货员使用礼貌用语，付款排队		
		主动将不选购的物品放回原货架区		
	交往	到别人家拜访懂礼貌		
		与人交谈神情专注，耐心倾听别人说话		
		与人相约，守时守信		

家长礼仪行为规范考核评价表

考核领域	考核内容	考核标准	自评	孩子评
个人礼仪	身心	亲近自然，经常运动，合理饮食，不酗酒，保证睡眠。远离黄、赌、毒。性格开朗，心胸开阔，积极乐观		
	卫生	衣着整洁，打扮得体		
	学习	有良好的学习习惯，每年购买一定数量的书籍阅读		
	尊重	尊重孩子的隐私，不打听孩子秘密，不翻阅孩子日记，不私拆孩子信件		
	家庭	家庭成员和睦相处，孝敬老人，生活节俭，夫妻之间互敬互爱，发生矛盾时不要伤及孩子		
	邻里	邻居之间，主动热情，互帮互让		

第四章 礼仪教育，人际和谐

（续表）

<table>
<tr><td rowspan="12">亲子礼仪</td><td rowspan="6">生活礼仪</td><td>给孩子平衡、营养的膳食。教育孩子不挑食，不偏食</td><td></td><td></td></tr>
<tr><td>每周与孩子一道参加2—3次体育锻炼</td><td></td><td></td></tr>
<tr><td>教育孩子自己的事自己做，给孩子创造关心自己、管理自己的机会</td><td></td><td></td></tr>
<tr><td>教育孩子审慎网络交友，让孩子不沉迷网络。不让孩子接触色情、暴力书刊及音像制品</td><td></td><td></td></tr>
<tr><td>对孩子进行生命安全及环保意识教育</td><td></td><td></td></tr>
<tr><td>给孩子零花钱有节制，与孩子一起制定储存、消费计划</td><td></td><td></td></tr>
<tr><td rowspan="6">交往礼仪</td><td>经常抽时间与孩子沟通交流，耐心倾听孩子的心声，不随便打断孩子说话，并给予帮助</td><td></td><td></td></tr>
<tr><td>坚持原则，当孩子的愿望不良或行为不当时，要学会对孩子说"不"</td><td></td><td></td></tr>
<tr><td>支持孩子与自己的好伙伴开展有益的活动，定期让孩子带几个伙伴回家，过一天"多子女"的家庭生活</td><td></td><td></td></tr>
<tr><td>学会管理自己的情绪，心情不佳时不拿孩子当"出气筒"；正确对待孩子的成绩和不足</td><td></td><td></td></tr>
<tr><td>经常性地针对孩子的优点适时适度予以赞美</td><td></td><td></td></tr>
<tr><td>经常带孩子外出游览，陶冶情操、和谐亲子关系</td><td></td><td></td></tr>
<tr><td></td><td></td><td>在孩子面前说话算数，不轻易许诺；敢于在孩子面前承认自己的错误</td><td></td><td></td></tr>
</table>

尊师礼仪	经常与老师沟通或定期与老师联系		
	重视家长会及学校组织的家长培训，不无故缺席		
	积极主动参与班级或学校家长委员会工作，协助学校和老师开展好各种教育教学活动		

（2）评价方式。采用交互式评价，包括自评、同学评、家长评、老师评。通过自评，找到自身的差距与不足，确定努力的方向和目标，不断完善自我，成为学习、生活的主人；通过同学互评，指出对方的优缺点，起到教育学生个体的作用，同时也促进了学生之间团结友爱、真诚相待的良好品质的形成；通过教师鼓励为主的评语、殷切的希望，使学生明确了努力的方向，也缩短了师生的距离；通过家长的评价，不但使家长与孩子之间的亲情得到交流，而且使家长清楚地掌握孩子的学习、生活、思想状况，也使孩子明确父母的期望，感受到亲人的关爱、家庭的温暖，收到良好的教育效果。通过考评，让学生对照考核内容，明辨是非，看到自己的优点、成绩和进步，知道自己的缺点、问题和差距。从而下决心改变不良的行为习惯，逐步养成良好的文明行为习惯。

五（1）班家长唐继春曾在给校长、班主任来信中这样写道：

……

以前，因为陈然学习成绩还不错，加之自己工作又忙，所以，完全忽略了对孩子的礼仪教育。自从本学期学校开设了礼仪课，开展了"礼仪考核"以来，其中"老师的话"和"家长的话"加强了家长与学校的及时沟通；"在校礼仪"让家长了解了孩子在学校的情况，"在家礼仪"让家长了解了孩子在家的情况，有了一套可供检查的规范表。这不但让陈然有了进步，而且让我猛醒：再不能忽略孩子的礼仪教育了。在此，表达我深深的谢意！

开展"礼仪考核"以来，我主要从以下几方面配合教育陈然。经过反反复复，发现陈然进步很大。

一、不爱卫生

以前一叫陈然洗澡他就愁眉苦脸，每次要说到生气才去理发，喜欢穿的衣服就不脱……有了考核表以后，我要求他每天放学回家第一件事就是洗手，要勤洗澡、勤理发、勤换衣。如果是自觉的，考核表中这一栏就得"优"；经提醒做得好的，就得"良"；经提醒做得不是很好的，就得"及格"；经提醒后不做的，"不合格"。慢慢地，他已能养成爱卫生的习惯了。

二、打架骂人，动辄发怒

陈然是个性情急躁的孩子，我就教他一些生活警句："有理不在言高。""愤怒从愚蠢开始，以懊悔结束。""经常动怒会养成习惯，生气跟吃迷幻药、喝酒一样，是会使人上瘾的，同样使人受害不浅。脾气暴躁的人使人讨厌，见而远之。"等等。生气时，心底里默念一下。

三、高声说话

我告诉他，说话声音清晰、低声一点，会带来意想不到的好效果，会显得有修养，有气质，很稳重，让人对你产生信任感。每当要高声说话时，我就用眼神或手势示意他要小声一点，只有正常音量说话时我才认真听他讲话。

我深深地体会到，教育孩子的过程也是一个教育自身自我的过程。感谢你们把礼仪常规训练落到实处，感谢你们让我走出了教育的误区。让我们共同努力，把孩子教育成心灵舒展、人格健全的人。

在德育方法上和手段上，我们综合运用了榜样示范法、说理疏导法、自我教育法、品德评价法、讨论辩论法、案例剖析法、行为判断法、活动游戏法、自我评价法、行为模拟法、情感体验法、品德实践法等多种教育训练方法。特别是灵活巧妙地运用情感体验法、品德实践法和榜样示范法，并把说理疏导法与之有机结合，综合运用。教育方法多种多样并各具特色。德育实施过程中，多种方法有机配合，灵活运用。

这样，德育内容更容易为学生观察、感受、理解，并内化为自身的礼仪品质，提高德育的实效性。如《做好课前准备》教学实录片段，就是多种方法的综合运用：

课间老师很早就来到教室，一个劲儿地批改学生的家庭作业。上课预备铃响了，老师头也不抬，任凭学生匆匆忙忙跑进教室，一个又一个地拿出书本，重重地落在课桌上，发出"啪啪"的声响；还有文具盒碰在桌上，掉到地上发出的尖锐的声响……紧张忙乱过后，教室里一片寂静。

老师一个劲儿地做自己的事——批改作业。

学生中有少许坐不住了，开始小声言谈，轻轻地做着小动作。

"叮铃铃，叮铃铃……"正式上课铃响起。

老师放下手中的笔，伸了一个懒腰，自言自语地说："刚好改完，这铃响得还真是时候呢！"说完话，站起身，也不看学生。一面找书，一面翻开，一面叫上课。

没有得到老师双目关注的同学，很快懒散起来，站不好，没有精神。

"讲到哪儿了？"老师随口一问，便转身慢慢地板书例题。

此时，教室里的空气显得既沉闷、又异样。有的同学开始生气；有的同学则翻书对照老师板书的例题；有的同学便大胆地在下面做小动作，讲小话。

"老师，这节内容已学完了，该上××页，例×了！"一个学生喊了出来。

"真的吗？"老师赶快翻到××页一看："对！"便连忙擦去已板书好的例题，重又开始板书该上的例题。

班干部开始招呼干涉着不守纪律的同学，同时，胆大的干部举起了手，还有的直接站了起来。从那严肃的神情中可以看出，是要与老师当面交流了。

　　"终于板书好了！现在请同学们看黑板"。老师一转身，惊讶地说："××，你有什么话要说吗？"

　　"老师，你的例题中有几处错误。"

　　"对不起！我马上改正。"

　　老师改完错，转身，发现还有许多同学举着手，便一个个请起来发言。

　　"老师，你病了吗？"

　　"老师，你每天上课都很顺利，干净利落，今天怎么出了这么多错呢？"

　　……

　　"不知道，你们能帮帮我吗？"老师一脸茫然，十分虚心地说。

　　"老师，你今天课前没有板书，打铃时也没有检查、组织学生。"

　　"我看最关键的是，老师今天课前没有做好充分准备，所以匆匆忙忙上课，错误百出，效果就不好了。"

　　……

　　"对不起！对不起！我课前的确没有准备好，耽误大家的学习了。"教师一边欠身向学生鞠躬，一边说："我向大家道歉。"

　　"下面请同学们算一算，从上课到现在已经过了多长时间？"

　　"15分钟。"

　　"一节课15分钟，一周5节课，该是多少分钟呀？"

　　"75分。"

　　"75分钟？那不就是1个多小时？人的一生有多少个1个多小时呀！难怪一位伟人说'浪费别人的时间，就等于谋财害命。'对今天的事，我深感抱歉。不过，任凭我说多少个对不起，都已无法挽回对你们造成的损失。"老师低头沉思一会儿，深情地说，"同学们，老师没有做好课前准备，今天得到大家的帮助，认识到了没有做好课前准备的危害。"（提高声音，严肃地）又说："下面请同学们想一想，自己课前准备做好了吗？如没做好，有哪些危害呢？你今后有什么打算呢？"

"上不好课。"

"还影响他人听课。"

"有时做得好，有时做得不好。"

"课前准备充分，课堂上就一心一意听课，学得好，作业也完成得好！"

"浪费别人的时间，就等于谋财害命；节约自己的时间，就等于给自己增福添寿。我建议大家一定做好课前准备，而且准备还要充分。"

……

老师总结说："大家的看法都很正确，认识到了不足，也有了改进措施，我真为大家高兴。同时，我还要表扬那些敢于指正别人错误，勇于批评和自我批评的同学——你们的勇气可嘉，你们的精神可贵。从此以后，希望同学们和我一起互相提示、监督，共同做好课前准备，提高课堂学习效率，养成良好的学习习惯。"

"叮铃铃，叮铃铃……"下课铃响起了。

"同学们，这节课学的是课前准备要充分。到此下课，谢谢大家。"
掌声响起，教室里洋溢着喜悦、兴奋。

后记：从这一节课后，连续几周里，每一个同学都非常自觉地做好了课前准备。

启示：教育不能喊口号，唱高调，要从学生的身边小事中去挖掘素材，创设情景，让其产生丰富的体验，在体验中悟出该怎么办，怎么做，提高行为的自觉性。

（3）评价原则。评价中，突出过程管理、着力效果评价。坚持评价的"整体性"、"客观性"、"方向性"、"动态性"、"定性与定量评价相结合"、"形成性评价与终极性评价相结合"原则。在操作方法上，注重评价结果的分析与运用，充分发挥评价的导向、监督、改进、鉴定、激励功能，从而使评价真正成为根据教育目标而进行的有序、有效的控制和反馈过程。

（4）激励措施。对学生个人评选"礼仪标兵"，每周评选一次，在每周升旗仪式上隆重授牌，被评为"礼仪标兵"的学生由学校发给喜报，向家长报喜。对班级颁发"礼仪流动红旗"，每周评比一次，根据每周各班的综合情况评定，在每周升旗仪式上公布结果，对优胜班级提出表扬并颁旗。

……

通过短短几年的研究，礼仪教育在玉林附小呈现出蓬勃生机。

德育活动得以有序进行并逐步走向科学化、系统化，德育的实效性得以提高。学校教育活动整体优化，特别是"礼仪教育活动课程"的开发和礼仪教育训练系列活动的设计，为学校德育提供了基本内容和基本框架，改变了德育活动随时确定主题，临时四处查找资料的局面，克服了德育活动的随意性、盲目性、零散性，使德育活动有序进行并走向科学化、系统化，提高了德育的实效性。在研究过程中，逐步健全了德育管理制度，使学校教育科研工作与教育教学常规工作紧密结合，促进了研究成果迅速转化为教育教学常规。

不仅如此，学生良好的礼仪行为习惯和品质逐步形成。通过礼仪教育，学生提高了对"礼仪"重要性的认识。在教育活动中，主动参与，在德育实践中，自觉实践，基本形成了随时随地"学礼仪、守礼仪、用礼仪"的局面。学生的礼仪意识、礼仪能力得到了全面提高，学生群体的精神面貌发生了很大变化，爱祖国、爱同学、爱集体、爱学习、爱劳动、爱护公物、孝敬父母、尊敬师长、讲文明、讲礼貌、讲卫生等行为习惯和公德意识已经初步养成。促进了学生日常行为规范的养成，促进了学生素质的全面提高，改善了同学间、师生间的人际关系，形成了积极向上的良好校风、学风。正如《中国教育报》报道所说——"礼仪教育改变了一所学校……"

家长们说：

"自学校开礼仪课以来，孩子开始检讨自己的言行，发现自己过去有很多当然的言行是错的，于是，开始慢慢地改正。"

"这学期，我们孩子参加了学校的礼仪课，在学习过程中，我发觉孩子进步了，有礼貌了，比过去成熟了，也稳健和勇敢了。"

"作为家长，我们非常支持学校的这一活动，并努力配合学校对孩子进行严格考核，使孩子成为一个有良好道德修养、富有同情心、关心他人，整体素质较好的新一代。"

"看着女儿一天天懂事，我们做家长的心里真是说不出的高兴，特别是在上学期，当我们得知女儿荣获'礼仪标兵'的称号，我们为此感到十分欣慰。同时，也感谢学校安排了礼仪课程，给孩子提供了学习礼仪的机会，让孩子的身心得到了全方面的发展。特此感谢老师们的辛勤教育！"

"看到孩子的成长，我心无比激动。是学校和老师让我的孩子变得活泼可爱、乐观向上；是礼仪教育让她改头换面，变得自信、大方。"

……

学生们说：

"过去爸爸、妈妈讲的好多道理自己都听不进去，现在，参加了礼仪剧的拍摄，通过上礼仪课，感到自己过去有些行为真做错了……"

"我很喜欢上礼仪课，在礼仪课上不仅能做游戏，搞活动，而且还能'看电视片'，如果所有的课都像礼仪课这样生动有趣就好了……"

另一方面，课题还产生了积极广泛的社会影响和效益。

学校开发的礼仪教材《小学生礼仪》在"成都市首届校本课程开发评选"中获"一等奖"；《小学礼仪教育互动过程研究》研究方案在"成都市教育科研优秀课题研究方案评选"中获"一等奖"，该方案同时收入《成都市教育科研课题优秀研究方案选集》；《阶段研究成果》获成都市教科所教育科研成果"一等奖"；学校教科室被成都市教科所评为"优秀教科室"；《小学生礼仪》教材经四川省教科所组织专家审定，由四川少年儿童出版社出版；《小学生礼仪教育系列电视短剧》由峨眉电影制片厂音像出版社出版；《中国教育报》、《教育导报》、《华西都市报》、《成都商报》、《成都晚报》、中央电视台青少节目中心《大风车》栏目和《开采未来》栏目、四川卫视台、四川教育电视台、成都电视台等媒体先后进行了专题报道；学校先后接待了香港特别行政区、四川省内外许多兄弟学校的专项考察；课题研究成果在攀钢、高新区等二十多所小学试用，师生反映很好，给予高度评价。

第二节　国学介入礼仪，内化礼仪传统内涵

通过礼仪教育，学生在教育活动中主动参与，在德育活动中自觉实践，基本形成了随时随地"学礼仪、守礼仪、用礼仪"的局面。学生群体的精神面貌发生了很大变化，形成了积极向上的校风、学风。然而，在前阶段研究取得一定成效的基础上，一个不容回避的问题摆在了学校面前——由于家庭、社区、社会等诸多不良因素的影响，学校礼仪教育的实效性在很大程度上受到削弱乃至抵消，学生的礼仪意识、礼仪习惯在家庭、社区未能及时得到巩固和强化，学校礼仪教育的效果及稳定性被弱化。

同时，通过调查学校发现，当下小学生成长中出现的以自我为中心、不关心、不尊重别人以及在仪表行为、言谈举止、待人接物、尊敬师长、社交等方面存在的诸多问题，在玉林附小学生身上也有一定程度上的体现。具体表现为：自我中心，心中乏爱；校外言行举止不文明；自私，与人交往欠缺无私精神；尊重和维护社会公益表现较差；不珍惜社会劳动成果。

究其原因，一方面是由于学生的个性特征较强，另一方面是由于学生大多为独生子女，表现出较强的"自我意识"和行为随意性。加之他

们又生逢多元文化交织并存、互联网高度普及的信息时代，外来文化、网络文化等所谓的"流行文化"对他们的影响越来越大，莫衷一是的社会思潮包围着他们，使得他们往往真伪难辨，难以形成积极的社会价值取向。

作为教育者，学校清醒地认识到：礼仪教育、道德教育只有力求创新，才能别有洞天。于是，学校想到了将国学教育作为礼仪教育的切入点。

以儒家道德思想为主流的国学思想与学校德育教育目标具有同一性。

儒家道德以"礼义"为基本核心，以"格物、致知、诚意、正心、修身、齐家、治国、平天下"为人生理想，是真、善、美的理想体系，是传统中国人的行为准则。"忠、孝、仁、义、礼、智、信"的基本规范、孔子的"吾日三省吾身"和"见贤思齐，见不贤而内省"、"过则勿惮改"的人格追求、"见善，修然，必以自存也，见不善，愀然，必以自省也"的善恶观、"温、良、恭、俭、让"的行为风范、"地势坤，君子以厚德载物"的胸怀、"是故君子有大道，必忠信以得之"的诚信要求、"致中和，天地位焉，万物育焉"的和谐目标、"仁者爱人""成人之美"的处世思想、"见利思义"的价值取向等，不仅含义崇高的义理，而且具有切身实用的为人处世的各种方法和道理，这些对于学生的伦理素养、人生智慧、精神价值、道德信念、健全人格的培养都能起到不可估量的作用。

从今天新课程重视对学生的情感态度价值观的培养和关注学生的人格发展的要求来看，儒家道德思想精粹与素质教育目标具有同一性，因而具有重大的现实意义，国学的精粹是学生们可以终生享用的精神财富。

从道德价值的层面来看，国学经典中蕴涵的传统美德，能在潜移默化中塑造学生的人格，提升学生的基本素养。用经典充实学生的人生，就是给了学生一把开启心智的钥匙。诵读古代优秀诗文，无异于与先贤对话。接受这样的熏陶，对一个人的品德、性情、情操乃至精神，必将产生积极影响。

所以，将国学教育与礼仪课题研究结合可谓和谐共生。国学教育为礼仪教育提供了新的载体，是礼仪教育最重要也最有效的实现途径之一。而礼仪教育则是从行为方式上进行传统文化教育的一个有力助手。它们共同指向将道德内化到人的精神血脉中，并外显成家长、教师、学生的行为。

2008 年 2 月起，玉林附小把诵读传统经典活动从一些班级的零散行为、一些教师的自发行为变成了学校有计划、有组织的教育教学行为。至此，礼仪教育得以以经典诵读为切入点，努力实现师生道德人格和人文素养的提升。

1. 制定《玉林附小学生校内外礼仪行为规范》

课题组结合《弟子规》相关内容，从居家（包括晨起、尊长、着装、外出、姿态、清洁、饮食、行进）、在校（包括尊长、姿态、发言、应答、借物、改错、友爱、读书）、公共场所（包括尊长、娱乐、语言、读书、处事、服务公众）三个方面二十二个点，制定了学生校内外礼仪规范，对学生提出明确的礼仪要求，形成了"玉林附小学生校内外行为规范"，并汇编成《玉林附小弟子规礼仪篇》手册，学生每人拥有一册。以下是学生"居家"礼仪行为规范。

玉林附小学生校内外礼仪行为规范

	周次	训练内容	周训	礼仪要求
居家	1	晨起	朝起早 夜眠迟 老易至 惜此时 晨必盥 兼漱口 便溺回 辄净手	1. 按时睡觉，不晚起；2. 衣被自己整理；3. 注意个人卫生，饭前便后洗手。
	2	尊长	或饮食 或坐走 长者先 幼者后 长者立 幼勿坐 长者坐 命乃坐	1. 长者递物，须两手接过；2. 长者立不可坐，长者来必起立；3. 不在长者座前踱来踱去。

居家	3 着装	冠必正 纽必结 袜与履 俱紧切 置冠服 有定位 勿乱顿 致污秽	1. 衣服鞋袜穿戴整齐；2. 脱下的衣物放在固定的位置，不随手乱丢。
		衣贵洁 不贵华 上循分 下称家	3. 服饰不求华美，惟须整洁。
	4 外出	出必告，反必面	1. 外出前告诉家人，以免家人担心；2. 夜必归家，因事不能归，先告家人。
	5 姿态	勿践阈 勿跛倚 勿箕踞 勿摇髀	1. 站立姿势端正；2. 坐姿沉稳，不抖腿或摇腿。
	6 清洁	房室清 墙壁净 几案洁 笔砚正	1. 自己的房间收拾干净；2. 书桌要摆放整洁。
	7 饮食	对饮食 勿拣择 食适可 勿过则	1. 同桌吃饭不另备美食独自享用；2. 不挑剔食之美恶；3. 不在盘中翻来拣去。
	8 行进	缓揭帘 勿有声 宽转弯 勿触棱	1. 进门时，动作轻缓，尽量不出声；2. 路遇楼梯，转弯要宽，避免碰撞。

2. 专题训练、责任落实

为使礼仪行为规范训练落到实处，德育处对学校各个层面的责任进行了明确划分：

（1）学校——根据《学生校内外礼仪行为规范》要求，每周校门均出示醒目的礼仪周训要求，每周一集体朝会时段，值周教师带领全校学生学习、诵读《弟子规》，并根据诵读内容提出相应的规范要求，保证学生人人知晓，并能按要求自律。

（2）大队部——"文明监督岗进社区"。大队部选派数名监督岗学生，在指定路段、指定区域，对学生校外礼仪表现进行监督、摄像与规劝。对不文明的现象在校内及时进行公示。做到序列化、规范化。另一方面，学校红领巾广播站每周进行"生活中的礼仪故事"讲读，让学生在轻松愉悦中明礼。

（3）班级——根据要求，各班进行强化训练。此项专题纳入班级礼仪常规专项评比。

（4）教师——语文教师指导三年级以上各班学生，进行"《弟子规》中的生活故事"撰写，积极开展教育自省活动。

3. 活动践行，促进学生知行转化

《弟子规》座右铭。学生学习《弟子规》后，针对自己难以改正的不良习惯选择其中有警策的句子作为座右铭，督促自己"改过归无"，如："读书法、有三到、心眼口、信皆要"就可以作为学习精力不集中的学生的座右铭。

《弟子规》自省文。紧密联系生活学习并践行《弟子规》，让学生把《弟子规》精神变成实实在在的行动。《弟子规》每一部分老师都可以制定实践力行表，并督促学生不定期地自省，互相交流、监督，共同进步。在学习实践中，学生们感触颇深。

三年级的王瑞同学在班会课上讲了这样一段话：

星期六的下午，我准备出门，顺便照了照镜子。

这一照，我才发现镜子里的自己穿的衣服竟然又脏又乱。衣服上东一团西一块的墨水印，甚至连拉链都是坏的；裤子的膝盖处居然还有一个洞，真是羞死人了！这时我想起了刚刚学过的《弟子规》中的一句话：衣贵洁，不贵华。一个人出门探亲访友要穿得干干净净，整整齐齐，这样是对别人的尊重，我不禁脸红了。

于是，我连忙打开衣柜，拿出自己最喜欢的那套红色运动服换上。又照了照镜子，看着镜子里穿得干干净净，整整齐齐又帅气的自己，我高高兴兴地出门了。

　　三年级的张丕羽同学还在日记里写下了自己诵读《弟子规》的体会：

　　最近《弟子规》已经在老师的带领下朗诵完了。可我常常在想：《弟子规》中的忠告，我遵守了吗？答案是：我没有！以前，我总觉得《弟子规》的朗诵是在应付老师，可是现在想起来，却不再这样认为了。

　　上周，外校有许多老师来我校参观。老师要求我们应主动向老师问好。可是，当我看见外校老师时，我就当他是隐形人似的，理都不理地就走了过去。后来，晨读时读到《弟子规》中的这一句"路遇长，疾趋揖，长无言，退恭立"时，我不禁为自己的行为脸红了。

　　于是，第二天，我遇见一位老师时，鼓起勇气主动问好，老师给了我一个甜甜的微笑，我心里充满一股温暖之情。

　　所以，我想告诉同学们，《弟子规》诵读，不是应付老师，而是为了改变自己！

　　《弟子规》劝诫书。《弟子规》的实践，学校提倡"自省"并"推己及人"。具体的做法是让学生针对自己、身边同学、好友的不良行为习惯，引用《弟子规》精神写出自省书或劝诫书帮其改过。这种做法不但在学生行为习惯教育方面收到奇效，在培养和谐的人际关系、学会共处方面又是一层妙处。五（4）班吴奇同学就给好朋友杨子杰写过这样一封信：

　　亲爱的杨大虾（侠）：

　　你虽然不是我第一个认识，但却是与我最要好的人。学习一流，运动一流，甚至打架也一流。

　　但是，一个致命的缺陷却让与你与超一流无缘，那就是冲动。

　　说起冲动，我想起来一个人——柴荣。他甚至比后来的北宋开国皇帝赵匡胤还牛。可他也像你一样冲动。冲动配合他超人的才能，让他所向无敌。但这也是一把双刃剑，伤人又伤己，39岁就英年早逝……他像一颗耀眼的流星，划破了历史的天空，只可惜历史并没有给他太多的时间……

来看看你的冲动表现——

有一次，老师让我们做小练习单，下课时说："没做完的可以拿回家去做，但就不能得最高分了！"放学后，同学们都走了，你却还坐在座位上补作业，我好心地对正在做单子的你说："单子可以拿回家去做的。"你一听就火了，眼睛一瞪："你要怎么嘛，我偏在这儿写！"本来是关心你，一腔热情被你的冷水浇得透心凉！

还记得，一次写作文时，陈许源第一个写完，得了表扬。刘奕宏感叹道："哇塞，人家都写完了！"这明明只是一句感叹，在你听来就变成了讽刺，你又毛了："就算她写完了，也不怎么样！"

你太过暴力。

陈友谅，我一直不敢把你和他作比较。他是朱元璋参加起义军时的对手，以心狠手辣著称。靠阴谋诡计坐上了另一支起义军的首领位置。鄱阳湖之战后，他唯一的底牌——暴力失去威力后，他便一无所有。

上一次，冯晨和你开了个玩笑，在我看来，一笑了之即可。可你一听就火了，抓住冯晨，一绊，一搋就把他撂倒在地上。幸好冯晨肉结实，也幸好冯晨宽容大度，要不然……

刚才我想看看你的评分表，你又火了，可因为老师在讲台上坐镇，你只好强压怒火，与我斗起嘴来……

以前听说你在班上有一定的威信。可现在我就开始怀疑了——你在班上的威信，是同学们真的信服你，还是你靠暴力造成的假象？

朋友，作为你的好朋友，我知道，也许你那非凡的才能加上冲动，加上你超强的自尊心，能让你纵横天下，但我可不希望你像柴荣那样英年早逝，也不希望你像陈友谅那样一无所有。

改改你冲动的脾气吧，朋友！记住，《弟子规》早就说过——"疾之甚 祸且作"！

你的忠诚的朋友　吴奇

　　《弟子规》感恩词。针对当今学生感情冷漠，教师结合《弟子规》的相关要义，教导学生学会感恩。提倡学生自己对父母、家人、师长、班级、学校、社会写感恩词，把道德表现提升到道德情感的层次。

　　记得在我上一年级不久，妈妈为我买了一本书，名叫《弟子规》。她要求我每天放学时背诵一段。

　　一次，妈妈买了两个饼回家，我拿起闻了闻，很香，便迫不及待地尝了一口，没想到吃起来更香，于是我又吃了一口。就这样，一口又一口，我的这一个很快就吃完了，还不解馋。我又拿起那个属于妈妈的香香的饼，津津有味地吃了起来，很快，两个饼都被我吃光了。我一手摸着肚子，一手抹着嘴上的油，心满意足地说道："好吃！"

　　妈妈做完手里的事情，准备吃饼，发现饼不见了，知道被我这个小馋猫吃掉了，于是，她说："怎么连点油渣都不给我留点啊，忘记《弟子规》里的'入则孝'了吗？"

　　我默默地站在那里，望了望妈妈，又看了看我的肚子，非常后悔。是呀，"弟子入则孝，出则弟。"我不是才背过吗？怎么我今天就忘得一干二净了？

　　时光匆匆地溜走了，转眼间到了三年级。那次，妈妈的朋友请我们吃饭。在点菜的时候，阿姨让我点自己喜欢吃的，我毫不犹豫地点了金沙玉米，我知道，这是妈妈喜欢的菜。菜来了，那香香的味道早已扑鼻而来，那金灿灿颜色早已令我垂涎三尺，但是我想起了《弟子规》，想起了里面的"入则孝，出则弟。"于是，我忍住了，并站起来先给妈妈和阿姨各舀了一勺。

　　妈妈对我赞许地点点头，阿姨也夸我懂事。那顿饭，我吃得特别的香，现在回想起来还觉得津津有味。

（四年级　徐欣）

第四章　礼仪教育，人际和谐

《弟子规》创新语。《弟子规》有一部分内容已不符合时代要求，学生学习时要辩证对待，领会其精神而不必拘泥于形式。针对这点，教师要求学生结合实际，在《弟子规》语录的基础上推陈出新，把清代《弟子规》真正变成我们自己的"弟子规"。如有的学生将"揖深圆，拜恭敬"改为"礼行正，鞠躬敬"，将"冠必正，纽必结"改为"徽（校徽）必正，链必拉"。这些都是活学活用的表现，避免了学生食古不化，既落实了经典精神又培养了学生的创新思维。

第三节　学校社区整合，
拓宽礼仪教育空间

当礼仪教育走过七年的研究历程后，玉林附小进一步发现，当前学校礼仪教育主要局限在狭小的空间和有限的时间内，借助单一的教育手段，有其明显的局限性。学生懂得善恶美丑，并且在学校里能够作出正确的判断，但未必能够把它转化成行为。停留于意识层面的礼仪可以拿来训人，但不一定能律己。让儿童在开放的环境下自由吸取和生长，这些正是礼仪所要大力弘扬的。因此，礼仪理应走出课堂，走出学校，走向更广阔的空间。

玉林附小深刻认识到学校礼仪教育必须积极拓展领域，寻求新的发展点，让学生在更广阔的领域，与社会和家庭之间进行大量的、多角度的多向交流，才能推进学校和社区互助育人的区域改革模式的形成。为此，玉林附小于 2006 年底参加了成都市"十一五"规划课题"学校礼仪与社区文明的整合研究"的实验研究，继续深化礼仪教育研究。

课题开展三年以来，玉林附小不断探索"学校、社区礼仪教育一体化"的互动教育模式，与肖家河社区开展了文明共建工作。在这个模式中，玉林附小坚持学校礼仪教育是社区教育的主体和基础，学校与社区之间的互相沟通、协调，是实现社区教育资源共享的重要途径，学校社区互动的核心是社区服务学校教育，学校教育服务社区发展的原则，以达到促进学生健康发展的目的。

1. **探寻"学校—社区礼仪教育一体化"运行机制**

2008年8月，为建立健全社区教育的管理体制和运行机制，玉林附小与肖家河街道办联合成立和运作了"肖家河社区教育协调委员会"，这标志着学校—社区一体化礼仪教育体系的趋于完善。

（1）创建社区社会实践基地

为了充分整合优质资源，实现社区与学校的无缝对接，共建蓝天下的大课堂，探索并决定推行少先队员社区实践活动，借助双方智能优势、经验优势，精心设计活动载体，积极开展融思想性、知识性、娱乐性于一体的社区实践活动，学校与肖家河阳光家园携手共创小学生社会实践基地。旨在通过一系列精彩纷呈的活动，使青少年真正实现"一种身份（少先队员），两个舞台（学校和居住地）"的职能转变及作用发挥，增强学生的社会责任感，共创文明城市。肖家河正街社区为了让青少年儿童度过安全、健康、愉快、有益的寒暑假，社区在"实践基地"为学校学生安排了思想道德教育活动、主题读书活动、文体活动、志愿服务活动等丰富多彩的活动。

（2）拆除学校教育的"围墙"

构建多功能家长委员会，使学校教育由封闭式的、有围墙的模式，向开放式的、无围墙的模式转变。采取选择部分家长作为居民代表，参与学校共建的决策和监督。成立校级、班级二级家长委员会。学校定期召开各级家长委员会会议，公开学校有关校务制度、奖惩办法以及师德规范建设的有关制度，商议学校教育教学管理办法等，广泛听取家长委员会成员们的意见和建议。而且他们拥有随时进班听课，对学校教育教学管理提出建议和看法的权利与义务。

为了弘扬中国传统文化，学校除了为学生营造了良好的国学学习氛围，还为社区居民提供国学基础教育培训，学校安排国学教师为居民开设国学课堂，每期都有四百余名社区居民参与活动，社区居民逐步了解祖国传统文化的博大与精深，充分认识礼仪教育的重要意义。

开放学校教育，不断强化学生的礼仪行为规范，不断提高教师的综合素质，同时，家长、居民的礼仪意识不断得以强化。

2. 学校教育资源向社区全面开放

学校与社区签订了向社区开放教育资源的协议，将学校教育教学资源向社区全面开放。

一是场馆设施开放。学校将各类文化体育设施，包括图书馆、美术室、舞蹈室、计算机室、游泳场、室内篮球馆、运动场等在不影响学校正常工作和学习的情况下向社区居民开放，为社区居民提供运动休闲、学习进步、发展提高的场所。

二是师资及管理人员开放。学校抽调在德育、计算机、体育、艺术等方面有经验的干部教师担任社区教育工作辅导员，到社区开展家庭教育指导，帮助社区居民提高家庭教育水平，帮助疏通家长与子女的关系，帮助家长对"问题学生"的教育等。面向社区开展艺术教育、国学讲座、家庭教育讲座等，丰富社区居民精神生活。

三是学校教育教学活动开放。学校邀请社区居民观摩学校开展的"教学开放周活动"、"班主任基本功竞赛活动"、"青年教师优质课竞赛活动"等教育教学活动。组织社区居民到校观看 2009 年学校"展艺术风采，诵千古经典"暨第五届校园艺术节活动；邀请居民参加学校社区趣味运动会等等。丰富了社区居民的业余文化生活，增进了社区居民对学校教育教学的了解，形成学校社区共同关心教育发展的新格局。

3. 充分挖掘和利用社区教育资源

一是联合整治校园周边环境。学校每学期召开一次社区教育工作会议，共商学校教育发展大计。同时，和街道居委会、派出所联合采取有效措施，加强文化市场管理、校外一条街管理，防止不健康的消费方式和娱乐方式，不健康的文娱、音像制品和文化对青少年的精神污染。

2008 年 8 月，高小部国学百米长廊由肖家河街道办出资并修建完成；2009 年 3 月，由肖家河街道办出资，学校设计的校外"国学一条街"改造工程完工；2010 年 8 月，肖家河街道办出资，低小部围墙改造完工。系列举措使校内、校外的育人氛围日趋浓厚。通过利用社区资源，弥补了学校教育中的不足，解决了许多自身不能解决或不能完全解决的问题，为学生创设了良好的校园周边环境。

二是对各种可利用的教育资源进行整理分类。通过询问，实地走访，学校发现不少社区有着丰富的礼仪教育资源。例如社区内有许多热心于社会，关心社区文明、社区教育的志愿者和先进模范人物；五好文明家庭、特色家庭（如藏书之家、健身之家、剪纸之家）。这些社区成员亦是一种十分重要的教育资源。而学校内的各种有特长的教师就是丰富的人才资源，如聘请学校声乐教师刘菲担任社区合唱队指导，美术教师为喜爱书画的老年朋友带去艺术上的熏陶；2009 年，我校音乐教师郑仁清还为肖家河社区创作了一首歌曲《社区是我家》。目前，此歌在社区广泛传唱，受到社区居民的热烈欢迎。

同时，广大的学生团队也是社区各类活动中不可缺少的资源。学校的"小天使"民乐团、舞蹈团多次到社区演出、联欢。

三是建立社区青年志愿者教育基地。2008 年 8 月，社区为学校礼仪教育提供教育资源，开辟实践基地——"阳光家园"。居委会还充分挖掘小区居民的教育资源，成立学生托管班、假期活动班，为广大学生提供了学习、实践和服务的机会。

2008 年 10 月，学校与社区敬老院又签订社会实践基地协议，组织学生开展节假日敬老活动。学校志愿者也积极参加社区植树、学雷锋等社会实践活动，使学生的社会公德意识得到了极大的提升。

4. 社校合作，展开礼仪教育实践

第一阶段，学校力求活动内容丰富多彩，切忌为教育而教育；活动形式不拘一格，服务上以共享为目标。如肖家河正街居委积极组织学生开展"送清凉"活动，学生们拿着自己亲手做的手工艺品，提着买来的西瓜，在社区干部带领下去慰问当地敬老院；永丰社区则和学生们一起走进辖区酒店，开展了"请勿酒后驾车"的宣传活动。各种活动的展开，让学生们学到了课本上学不到的东西，拿同学们的话说是"受益匪浅"。

"叔叔，今天您喝酒了吗？我这里有避免酒后驾车金点子。""叔叔，您知道酒后驾车的危害吗？这些相关资料对您有帮助。""叔叔，为了您和家人的健康，请勿酒后驾车。"一句句甜美的问候，一声声关切的话语在肖家河社区的酒店响起。这是成都玉林附小"文明小使者"进社区系列活动中的一个剪影。

2009年8月29日，为配合成都市酒后驾车严整活动，玉林附小六（2）中队的文明礼仪小使者走进社区的酒店，开展了"请勿酒后驾车"的宣传活动。他们精心设计了宣传资料，让大家了解酒后驾车的危害，知晓酒后驾车的处罚和酒后驾车的标准，呈现了妙趣横生的酒后驾车漫画，送上了避免酒后驾车的金点子。在各大酒店停车场发放温馨提示卡，在酒店门口对宴会结束的人们进行劝导。礼仪小使者的热情真诚感动了酒楼就餐的顾客，他们纷纷在"文明驾车，绝不酒后驾车"公约上庄严签上自己的名字。在就餐时一位正在饮酒的叔叔因为要开车还马上收起了酒杯，他真诚地说："孩子们的安全意识强，我们大人更应该带头遵守。"他的实际行动就是对文明小使者最好的奖励。

——"酒后驾车劝导"社区实践活动

随着礼仪课题的深入开展，2010年4月起，学校与社区联合开展了"和谐院落、和谐家庭，文明小天使在行动"系列大型活动，学生开始真正走入社区开展礼仪实践活动。

肖家河社区共计129个院落，学校相应组建129个"文明小天使"小队，做到"文明小天使"院落全覆盖。每个小队由三名学生、一名家长、一名院落负责人组成。

活动领导小组共9名成员，每人负责10余个院落"天使小队"的培训和实践活动的展开。召开院落"小天使活动"小组培训会，就活动的要求、注意事项、活动手册的使用等提出具体要求，指导学生有序、有效地开展活动。组织指导文明小天使开展院落文明礼仪专项问卷调查活动，形成调查报告，拟定相应措施并开展相关礼仪宣传评价活动；开辟院落活动专栏，"小天使"照片上墙。每周针对自己所负责院落的实际情况及居民表现，及时做出"1+1"评价，张贴公示在专栏中；小队队长负责活动手册的记录与填写，每周五上交学校检查，德育处、大队部定期对各活动小组进行评比、表彰。

"文明小天使在行动"不但锻炼了学生的社会实践能力，增强了学生的社会责任感，而且进一步丰富了"学校、社区教育一体化"理论，极大促进了社区文明建设的进程，为学校礼仪与社区文明的整合研究提供了有力的支撑。以下是活动一瞥：

1. 立足院落，展开"社区礼仪现状调查"活动。

2010 年 5 月 14 日，222 名文明小天使，在学校 9 位带队老师和家长的带领下，召集院落全体学生，走上街头，深入家庭，分发调查问卷，展开了问卷调查。通过相关的统计、分析工作，掌握了院落礼仪现状的第一手资料。

通过学生的调查发现，在肖家河各社区、院落，礼仪还普遍在以下几个方面存在不足，如因为忙或嫌麻烦而不按秩序停放车辆；为了方便，会从窗户往下扔东西或吐痰；宠物方便以后不能做到及时处理；晾晒衣物、浇花时，水常常滴落他家。

2. 深入社区，积极开展礼仪实践。

在前期调查的基础上，"文明小天使"们利用双休日开展了丰富多彩的文明宣传活动（包括口头宣传、张贴倡议书、帮助各居委会办理黑板报、布置橱窗等），宣传内容会包括安全、卫生、健康、文明用语、市民道德建设规范等。通过这样的宣传强化，对社区居民生活环境的优化和居民素质的提高起到了较好的舆论导向作用。小天使们正以自己的实际行动，影响和带动着身边的人。

3. 依托公示栏，真情展开院落礼仪评价。

学生们根据自己的观察、实践与了解，每周及时地从三个方面对院落礼仪进行了评价。

对好的文明习惯，他们是这样夸奖的：原来3单元老有宠物随地大小便，整个楼道都臭烘烘的。可自从我们给狗主人指出后，宠物在楼道里大小便的情况就少多了，值得表扬。

我发现有一家养狗人，狗狗拉完便便后，立马就清理了，不留一点污迹，值得表扬哦！

对不文明的现象，他们是这样来通报的：2单元每天都有2—3辆电瓶车在那儿充电，挡住了单元门口，大家进出很不方便，希望能及时改进哦。

他们也有自己的建议：希望在停车棚里多安装几个充电插座，以方便电瓶车充电。

……

74个院落，222位小天使，已成为肖家河社区一道亮丽的礼仪风景线。孩子们在不断明理的同时，也带动了社区居民不同程度地提升了自己的文明素质。社区文明之风正得到无声的浸润。

5. 不断实践创新，形成突出特点

通过几年的实践，我校礼仪教育实践活动不断完善、不断创新，呈现出以下几个特点：

（1）紧跟形势、服务大局

"玉林娃娃建和谐"工程的诞生源于10部委联合发起的"关爱成长行动——全国青少年文明礼仪普及活动"。不管是"社区是我家"系列活动，"小手拉大手"国学礼仪进万家活动，"我眼中的邻里关系"征文活动，还是"和谐院落、和谐家庭，文明小天使在行动"系列实践活动，都体现了紧跟形势、服务中心工作的特点。其中的"我眼中的邻里关系"征文活动，让学生们发现了平凡日子里许许多多的感动，感受到了社区间人与人之间浓浓的亲情、友情。

601和602住着两对夫妇和三个孩子，两家本不认识，但自从搬到601和602后就成了亲如一家的友好睦邻！

601的男孩和602的女孩同读一所学校，他们一起上学，一起放学，一起游戏，亲如兄妹；602的妹妹经常跑到601的书房去看哥哥的课外书，学习上遇到问题也经常得到601哥哥的帮助；602的妹妹收到特别的礼物也会跟601的哥哥一起分享……

两家的大门似乎总是打开着的。602的儿子1岁多，从会走路开始就爱光着脚丫在两家之间跑来跑去，还老爱从601往家里搬东西，把大家逗得哈哈大笑，真是这个大家庭的开心果！601和602的两位妈妈就像一对姐妹花，她们俩经常一起买菜，一起逛街，一起接送孩子们上下课……601的妈妈精明能干，是这一大家子的"外交大臣"！她还做得一手好菜，每当601和602的爸爸们不在家时，妈妈和孩子们常常会到601的"饭堂"里享受美食；当然，602的妈妈拿手的可乐鸡一出锅，也不会忘记给601的哥哥留一份的，那可是哥哥喜欢的菜品之一！

601的爸爸是一位军人，一年里大部分时间都在西藏。只要是他休假在家，你总会看见他忙这忙那的身影，仿佛要把他不在时的事用那短短的休假时间多做完！602的爸爸是一位小主管，每天为工作忙忙碌碌的，但只要是下雨天，他就开车负责接送孩子们，假日里如果他有空，就会开车陪大家一起玩！所以大家都开心地叫他"出租车司机"。

601和602就像我们社会上其他千千万万的平凡家庭一样，用爱点燃友情，用平凡铸就和谐！

(吴咏琳 601和602的故事)

（2）形象生动、形式新颖

为了给学生们找到学习的榜样，学校结合儿童的特点，设计了"小玉"和"小林"两个可爱的卡通人物，通过两个可爱的卡通孩子来倡导文明，提出文明礼仪规范，鼓励学生们和居民进行学习，并把文明习惯固化为具体的礼仪规范。再配上脍炙人口的童谣，制作成形象生动的画册、挂图，发放到学校、社区、公共场所，进行推广和宣传。

各项文明礼仪活动注重寓教于乐，丰富多彩，并运用适当的活动形式予以体现。一年中推出的"文明礼仪宣传教育实践活动"，包括了儿童剧表演、征文比赛、游戏展示、合唱等诸多艺术门类，囊括了礼仪讲座、争创先进、文体活动、志愿服务等多种活动形式，各个年龄段的学生都能够找到自己喜欢的活动形式，积极地参与到活动中去。

玉林附小文明礼仪宣传教育实践活动一览表

时间	活动名称	参与人员	人次
2008.8—11	文明礼仪劝导活动	"小小文明劝导员"	20
2008.9	"玉林娃娃树新风"主题活动	学校领导、教师、学生；社区领导、工作人员；社区居民	400
2008.12	"迎新年文明用语征集小状元"评选活动	全校学生	1800
2009.1	志愿者敬老活动	礼仪志愿者	40
2009.4	文明家庭评比	3—5 年级学生及相关家庭	1000

2009.4.7	参加办事处"和谐院落、和谐家庭启动仪式暨社区是我家歌咏比赛"	校合唱队及社区居民	500
2009.5	"我眼中的邻里关系"征文	3—6年级学生	1200
2009.5	"情系西博会，文明礼仪伴我行"主题教育活动	全校师生	1800
2009.6	"诵经典美文，展艺术风采"经典诵读活动	全校师生、部分社区、家长代表	1800
2009.7—9	"玉林娃娃建和谐，争做文明小市民"主题活动	3—5年级学生	1000
2009.7	"社区是我家"mv拍摄及宣传活动	肖家河街道办事处、区文明办	100
2009.8	暑期系列社区文明实践活动	"小小文明劝导员"	200
2009.8	"请勿酒后驾车"社区实践活动	五（2）中队、社区工作人员	60
2010.4	学生院落分布调查、统计	相关教师、社区工作人员	30
2010.4	"和谐院落、和谐家庭，文明小天使在行动"社区实践活动启动仪式	全校师生、街道办、四大社区领导、工作人员	2000
2010.5	院落礼仪现状调查	小天使成员、带队教师、院落工作人员	300余人
2010.5	至今院落礼仪劝导实践活动	小天使成员、带队教师、院落工作人员	300余人

▽第四章 礼仪教育，人际和谐△

（3）推陈出新、强化特色

玉林附小文明礼仪宣传教育实践活动推出两年来，越来越受到家长、社区和上级部门的重视与认可，一个主要原因就是学校既保持了活动的系统性、延续性，又注重创新，在"文明"这个永恒的主题下，不断适应新形势、充实新内容、推出新项目，不断丰富活动的内涵和外延。

（4）三位一体、整体联动

在对学生们进行教育的同时，学校始终把"小手拉大手"作为工作理念，把工作触角向家庭和社会延伸，整合学校、家庭、社会三方面的力量，共同倡导文明。在"文明礼仪进社区"活动中，学校特意聘请了家长、社区工作人员作为"文明礼仪监督员"，把文明礼仪带入家庭、带入社区，带动居民共同参与。两年来，共深入社区开展文明礼仪宣传活动近 20 次，发放各类宣传资料 2 余万份，进行文艺演出 5 场，举行文明礼仪画展 2 次。通过这些活动，形成了学校、家庭、社会三位一体，共同倡导文明礼仪的良好氛围。

（5）整合资源、多方运作

系统化、社会化的运作模式是我校文明礼仪教育活动顺利开展的一条宝贵经验。肖家河街道办事处及辖区内多家单位在以往的活动中为学校提供资金、策划、印刷品制作等支持。如 2008 年 12 月，由联谊社区出资，完成了对高小部校外垃圾中转站的改造；2009 年 3 月，由肖家河街道办出资的校外"国学一条街"的改造；2010 年 4 月，129 个院落礼仪评价公示栏的制作张贴。

同时学校在活动中也尽量整合多个部门的力量，贴近职能部门的职责来设计活动。如 2010 年 4 月，为推动肖家河街道办事处"和谐家庭、和谐社区"的创建工作而开展的"和谐院落、和谐家庭，文明小天使在行动"学生大型社区礼仪实践活动，扩大活动的参与面和影响力，实现整体推进。这些方法，整合了社会资源，达到了工作目标，扩大了社会影响，实现了多方受益。

第五章

➡健康心理，完善自我

　　我们的学生，正处在成长的关键时期，现代生活的快节奏，家庭对孩子学习、生活的重视无形中形成了强大的压力，造成学生心理负担过重。虽说极少数学生会患上心理疾病，但是我们也看见，很多学生随着年龄的增加显现出轻微的心理健康问题，如厌学、暴躁、自卑、自闭等症状。而心理健康教育的开展则可以很好地为生命的成长提供优质的环境，强大的动能与前进的方向。

　　近年来，玉林附小坚持把心理健康教育有机渗透到学校的德育工作中，在教育的内容、方法、范围上创新性地开展学生心理健康教育与辅导。提出了把"心理健康教育建设成为学校的一大品牌、一大亮点"的目标。

　　一是全面开展普及性的心理健康教育。注重对个人自身内在的道德修养培养，如自尊、自信、自爱、自主、自觉等"五自"教育。将心理学常识引进课堂，在学科教学中渗透心理健康教育，开设了普及性的心理健康教育活动课。每学期制定一个大主题，每月确定一个大专题，每周指定一个小主题，持续、科学地系统实施心理健康教育。

二是积极开展心理健康教育个别辅导与个案研究。学校成立心理辅导中心，与四川师范大学教育心理系合作，建立了学生心理服务室，开展了城市移民子女、单亲子女、弱势群体子女和空巢家庭子女的个案研究并进行跟踪辅导。

三是专业引导家庭教育对学生进行心理辅导。利用家长学校平台，对家长进行心理健康教育问题专题培训，学习家庭教育的科学方法，和家长一起探讨个案。

第一节　普及心理教育，奠实健康心理基础

为切实满足教育发展的需要，解决学生的实际心理问题，玉林附小全面展开心理健康教育普及性工作：学校成立领导小组，培养专业心理教师，培训中青年教师，开展班主任心理教育工作研讨会，开展学校特色活动以激发学生的心理潜能……使心理健康教育的必要性在全校范围内达成共识。

在此基础上，学校继续努力和探索，多方面开展工作，建构科学、规范、有效的学校心理健康教育体系。

1. 健全机构，加大建设

（1）成立领导小组，构建教育网络。学校成立了以校长为组长的"心理健康教育领导小组"，构建了学校心理健康教育网络。校长任组长，统筹学校全局，为心理辅导工作提出具体的指导意见，直接决定心理辅导工作的发展方向；分管副校长担任副组长，具体指导和协调相关工作。德育主任、教导主任、教科室主任担任工作组长，分别为心理健康教育提供软、硬件支持，包括积极开发图文资料、教学课件、音像制品、教育科研等资源；由心理健康兼职老师、各班班主任担任组员，具体地开展学生的心理辅导工作。

除具体的课堂以及心理咨询活动以外，还利用网络、影视、图书室、自然和人文景观、爱国主义教育基地等社会资源，丰富心理健康教育的内容和手段。学校心理健康教育机构健全，分工明确，保证了学校心理健康教育的良性发展。

（2）进行工作规划。学校在全面启动生态德育工程后，将心理健康特色教育纳入学校年度工作目标，制定专项计划，每期定期召开工作

会，研究具体问题，预算专用经费，建立激励措施，对工作目标进行指导、检查、评估，并纳入目标考核。结合学校实际，制定出《学校心理健康教育特色规划》、《学校心理健康教育宣传方案》等规划方案。

（3）配备专兼职教师，设立咨询室。根据学校规模，配备相应专兼职心理辅导员，设立了规范的心理咨询室。同时，学校积极选派优秀教师参加各级各类心理健康教育专业培训，让更多的教师参与学校心理教育工作，从而保证心理辅导工作的稳定性和开展心理咨询的安全性。

（4）建立管理制度及应急预案。学校建立并完善了心理健康教育管理制度，如《心理咨询职业守则》、《心理咨询室管理制度》、《心理辅导预约办法》、《心理咨询来访者须知》、《地质灾害发生心理干预应急预案》等。

（5）创编《学校心理健康教育》校本课程。指导全校心理辅导教师、班主任老师、学科教师开展心理教育活动。根据实际情况，学校在各年级安排相应的心理教育专业课程，把学生的心理教育真正引入课堂，落到实处。

2. 文化浸润，面向全体

（1）景观营造

为了给学生们营造一个健康、和谐、积极的校园心理教育氛围，学校在硬件设施上独具匠心，有意识地设计了各类文化景观。如校门的"砺志碑"上镌刻着周恩来的名言"为中华之崛起而读书"，鞭策着学生从小要树立远大志向，勤奋学习，报效祖国；教学楼入口处，"意蕴厅""琢玉成器、育材成林"跃入眼帘，那是学校的校训和办学思想，是一种精神和行为的追求；"尚礼坊"，表达了该校崇尚礼仪，追求"以礼育人"的办学特色；"活水源"寓意学校追求一种自由、自主、自然的生态教育思想境界；"体育风"表明了该校"市乒乓球重点学校"、"市游泳传统项目学校"的优势地位。近百米的"艺术墙"，集中展示我国传统道德教育的精髓，甲骨文、小篆、象形文字篆刻其上，时刻激励着学生"明礼正德、人生高尚"。

（2）专栏分享

学校还设有心理健康教育的专栏，定期更换，从多方面开展群体性心理健康教育辅导。首先，根据不同时期学生心理健康容易出现的问题进行集体性心理辅导；其次，针对家长开展家庭心理健康教育指导；最后，张贴心理健康教育宣传画，悬挂心育名言。从而潜移默化地对学生进行心理宣传教育，努力构筑学生、学校、家长一体化心理健康教育体系、和谐师生关系、同学关系、家庭关系。

（3）班级文化建设

同时，班级文化作为一种特有的教育力量，渗透于一切班级活动之中，它所形成的一种"心理动力场"，对学生心理素质的培养具有引导、平衡、充实和提高的作用。班级文化的健康心理的教育功能虽是无形的，但又是无所不在的，就像"润物细无声"的春雨，潜移默化地滋润着学生的心田，陶冶着学生的情操，塑造着学生的灵魂。

因此，在班级文化建设上，学校还指导班主任团体努力做好四个方面的工作：把班级营造成温馨的"家"，让学生找到心灵的港湾；把班级打造成相互沟通的桥梁，让学生心灵在这里净化；把班级打造成一个绚丽的舞台，让每一位学生的心灵都扬起希望的风帆；把班级拧成一股绳，培养学生团结协作，坚韧不拔的集体心理。整齐、美观的教室布局能给学生带来赏心悦目之感。同时，各班每期的黑板报上都有专门的知心栏目，内容是根据学生情况设计的"知心故事"、"我的困惑"、"打开心灵的钥匙"等等，让班级文化潜移默化地对学生进行心理宣传教育。

（4）心理活动开展

除此以外，学校层面的心理教育活动也是创建良好心理氛围的重要工程。

①设立知心信箱，开播知心广播。学校开展每周一次的知心广播，由心理咨询老师主播，解决来自知心信箱的普遍问题。与学生互动，进行心理健康知识的普及工作，针对不同年级的学生年龄特点进行集体的心理辅导活动。

②开放心理咨询室，给学生倾诉的空间。学校开辟了专门的心理咨询室，在专业机构的帮助下健全咨询室建设。每周定时开放心理咨询室，并公布咨询时间、咨询教师姓名、联系电话等等。咨询教师做好预约、咨询和追踪调查等相关的记录，让学生在学校拥有真诚的心理交流空间。

③开展团体心理辅导活动。学校心理教师根据学生中发生的群体心理现象设计相应的心理活动，并邀请相关学生参与活动，有的放矢地进行帮助，同时也为校园营造了良好心理氛围。

④创办心理社团，让学生心理互助。在心理教师的指导下，学校召集心理健康、积极乐观的学生成立心理社团，开展相应的心理调查、心理课本剧排演、心理小问题排查、解决等活动，也可召集有轻微心理问题的学生参与社团活动，让他们在帮助别人的同时帮助自己，所谓"助人自助"。

通过这样一系列的物质、文化、精神建设，校园内的心育氛围浓郁，教育面向全体，为师生创建了最优的心理空间，使大家对生活、对工作、对学习、对生命树立起一种良好的心态。

3. 心育课程，学科渗透

小学心理健康教育是以提高全体学生的心理素质，充分开发他们的潜能，培养学生乐观、向上的品质，促进学生人格的健全发展为目标的。其教育功能体现在三个层面上：对所有的学生实施发展性辅导；对部分学生实施预防性辅导；对特定学生实施矫治性辅导。为了营造和谐的生态教育环境，让每一个学生成为一个幸福的人，学校心理健康教育则应以团体辅导为主，开展相应的活动。

学校团体辅导就是以教学班级为单位而实施的心理健康教育。其主要实施途径包括：开设心育课程；学科渗透；知心广播等。

（1）心育课程，营造和谐心理氛围

心育课程的开设是玉林附小生态教育全面建设中心理健康教育实施的核心标志。其课程设置，主要是依据不同年段学生心理发展的普遍特性，通过丰富多彩的活动对学生心理及其发展施以积极影响，使学生们在身体发育、知识积累的过程中发展健康的心理。其主要形式是班级心理辅导课。

班级心理辅导课，是以教学班为辅导单位，以具有较高专业修养的专职心理辅导教师任教，针对中小学生年龄特点和成长发展的实际需要而设计的团体心理辅导活动。

学校全体班主任、心理辅导教师参与了心育课的教学专业培训，明确掌握了班级心理辅导活动的设计策略：要依据班级学生的心理特点，以及班级学生心理发展中的问题进行设计。对解决普遍学生存在的普遍问题，一定要具有针对性和实效性，以使学生在活动中获得心理发展和实践。

小学一年级新生入学适应性训练教学设计

辅导主题：适应性训练

辅导目标：

1. 能感受小学生活与幼儿园生活不一样的地方，能从心理上主动适应这些变化。

2. 感受与人交往的快乐和班集体生活中"伙伴多"的愉悦，增强自己喜爱学校集体生活的情感。

辅导对象：一年级新生

辅导过程：

一、谈话导入：

1. 同学们，除了我们和爸爸妈妈组成的家以外，现在我们有了一个新的家，这个家叫什么名字？齐读儿歌《我有一个新的家》。

2. 小朋友们，进入小学已经一个月了，你喜爱我们这个新的家吗？

你觉得小学和幼儿园有什么不一样？

3. 这些不一样，你觉得好吗？

二、角色游戏：介绍自己的新家。

1. 情境引入：小朋友们原来在幼儿园一定有许多好朋友吧，现在在不同的学校上学。一天，你的好朋友想来认识一下你的班级，你能当好小主人吗？

2. 让我们先想想该向他介绍什么呢？

3. 角色游戏，一个同学扮演你的幼儿园好朋友，另一个同学向他介绍。

三、游戏讨论：表情图进一步认识学校生活规范。

1. 教师告诉同学："我背后有高兴的、伤心的、生气的三张面具。现在我要抽一张给小朋友们看，请你们猜一猜我会抽到哪一张？"请几个同学猜。

2. 学生根据不同的表情图作出不同的原因回答。比如，同学们学习都那么认真，所以很高兴，给笑脸；或者因为不喜欢上学早起，装病不上学就给哭脸；讨厌回家要做作业，少做了作业就给予生气的表情图，等等。再请同学们给自己选一个表情图，并说一说自己选取笑脸或哭脸等的不同原因。最后，在请同学们为自己后面的学习生活选取一个自己最满意的表情图，并说一说自己的想法。

3. 情景表演，巩固深化。

由学生自主上台，分别扮演存在的各种行为习惯，其他小朋友当老师，根据学生表演的内容做判断。

四、总结激励，延伸导行。

五、歌曲结束：播放《我的家庭真可爱》，边听音乐边拍手。

（刘群方）

尽管心育课程的开设，班级心理健康教育课教学的实施目标明确，但对于学校心理健康教育注重全体，全员参与和全程参与的目标实施，还需将心理健康教育融合于学校教育教学的全部，实现学校教育教学的和谐发展，全面实现生态教育。

（2）学科渗透，心理沟通点点融汇

在学校教育教学中，利用各门学科的内容与材料，有意识地对学生进行心理健康教育，将学生健康的心理素质的培养置放于正常的学科教学活动过程中，是学校心理健康教育的一种有效途径和手段。

在学科教学中渗透心理健康教育有利于培养学生健康的心理素质。其优点展现在以下方面：可以促进学科知识的掌握；可以直接满足学生和家长的实际需要；可以提高学生的学习效率，促进学生心理素质的良好发展；在减轻学生负担的同时，也减轻了教师和家长的负担；可以继承以往训练方法的优点，同时弥补以往单项训练计划的不足……最重要的是能在学科教学中强化学生良好、愉悦的学习情绪，享受成功学习，培养良好学习习惯，有效调控学生在学科学习中的不良情绪，淡化学习失败的消极体验，抑制不良学习和行为习惯的养成。并以学科知识学习为载体与家长和家庭教育进行有效沟通，共同促进学生身心的健康发展。

①设定合理的学科教学目标。在设定学科渗透心理健康教育的目标时，各学科教师既要有强烈的心理健康教育意识，明确本学科心理健康教育目标和独特任务，又要突出本学科的特点，将心育任务与学科的教学内容紧密结合；既要防止把学科教学变成心理健康教育课，忽视学科教学的目标和任务，又不能只重视学科的知识教学而忽视心理健康教育目标的实现和任务的完成，甚至在学科教学中对学生的心理造成伤害。

《朱鹮飞回来了》的教学设计中，教师依据语文学科和本课教学实际结合心育目标，将本课教学目标拟定为：

1．了解课文的记叙顺序。

2．了解科考队员们在小朋友的帮助下，发现并精心保护朱鹮的经过，培养学生保护野生动物、保护环境的意识。

3. 有感情地朗读课文。

教学重难点：在指导朗读的同时，让学生了解科考队员们在小朋友的帮助下，发现并精心保护朱鹮的经过，培养保护野生动物、保护环境的意识。

②选择恰当的学科教学方法。在以往的课堂教学中，我们比较重视知识和技能的教学，对教材中的知识和技能因素发掘得比较充分，而对过程和方法因素特别是对关于情感、态度、价值观即心理健康教育方面的教育因素的发掘和利用显得十分不够。其中原因除了受传统教育只重视知识教学的影响外，还在于它不是由自身的、明显的结构体系构成的，而是蕴含在认知因素之中并通过认知因素而发生作用的。因此，比起挖掘认知因素来讲，更为困难。所以，在学科教学中渗透心理健康教育，要选择恰当的学科教学方法。

在二年级的美术绘画课中，老师发现一位小朋友画的人物与所有的小朋友都不同。他的人物头发是火红的，眼睛是蓝的，嘴唇是绿的，四肢也是用各种鲜艳的颜色组成的，连天空的颜色也与众不同。于是老师就请这位同学把自己的作品在黑板上展示，初看作品同学们都哄堂大笑起来。在同学们的哄笑声中，老师请同学讲述了自己创作的思想，肯定了这位同学能把自己独特的视觉用自己的方式表现在作品当中，突出表现了"自我的作品"，使自己的个性也在作品中得到了充分的体现。由于老师的指导，让同学们认识到了创新的自我体现，在接下来的绘画练习中，更多同学的作品都有了自我特色的展现。在绘画中他们享受到了成功的创作，更重要的是教师在教学的过程中恰当地运用了认识色彩与表现自我认识相结合的学科教学方法，更使学生有了愉悦的情感和情绪体验，这种体验能让每一位孩子愉快地走入绘画的圣境。

③营造课堂和谐的心理氛围。和谐，是描述课堂生成状态的哲学概

念。从字面上说，和谐，就是和睦、协调。按照系统论的观点，和谐是构成课堂的各个要素在教学过程中实际发生的相辅相成、互促互向、共生共长的内在生态性关系的总和。课堂和谐心理氛围的营造应具有安全性、快乐性、满足性和发展性特征。即课堂和谐心理氛围的营造，有利于学生在课堂学习中，消除心理设防，愉悦轻松地参与学习；在学习和交流互动过程中，积极参与强化和巩固正向生成，体悟学习的快乐，收获成功学习的那份满足，对进一步学习提出新的希望，产生新的需求。

在英语课中，结合教学任务，老师尽量多运用实物，图片和玩具和文具，创设符合学生实际生活体验的有效情境，将学生引入生活情境中，学说英语和运用所学进行简短的英语对话。在这个过程中，教师只是作为"翻译"的身份参与其中，及时纠正学生不正确的说法和读音，并给予读音正确和表述准确的学生以及时的肯定和恰当的表扬。没有批评的课堂，学生的心理就没有顾忌，在表扬和肯定中，学生愉悦和成功的情绪体验就更强烈，情感展现也就更丰富。

因此，在学科教学中渗透心理健康教育贵在潜移默化，贵在"润物细无声"，它更多的时候是内隐的、暗示的、濡染的，而不是外显的、径直的、刻意的。故在学科教学中渗透心理健康教育的目标设定时，要更多地考虑教学过程中的心理健康教育因素，要注意心理健康教育与科学知识传授的同步性，更要注重良好的课堂心理氛围的营造。

第二节 加强个别辅导，预防矫正心理问题

近年来随着生活节奏的加快和独生子女的增加，有心理不健康倾向

的学生越来越多，而社会诱发心理疾病的因素也不断增加，所以玉林附小采取积极的预防措施，开展心理健康教育个别辅导与个案研究。

学校对有心理问题的学生进行三层关注：一是由班主任发现、关注一些心理异常的同学；二是由学生或科任老师发现一些心理异常学生；三是到心理指导室去咨询，在交谈中进一步确认和筛选个别心理异常者。

学校还为辅导学生建立心理档案，进行个案研究，请班主任、科任老师跟踪辅导，心理老师定期交流，通过积极地引导，使这些学生尽快成为一个身心健康的人。对于心理问题较重的学生则由心理咨询师进行专业的心理干预或请家长带其到相关的心理门诊进行更为专业的心理治疗。通过这些得力措施，不少学生的心理问题得到了及时矫正，重新扬起前进的风帆。

1. 班级阵地，个别辅导

心理素质是学生身心全面发展的重要环节，是整体素质提高的关键，学生各种素质的形成和发展都必须以心理素质为中介和先导。学校心理辅导作为心理教育和服务的手段，它既面向全体学生又注重个别差异，既注重心理问题的防范又以全面提高心理素质为目标。而班级是学校教育的基本单位，学生的活动主要是在班级，因此也是学生心理素质提高的主渠道和发现学生心理问题的窗口。可见，班级管理中的心理健康教育是对学生进行心育教育的重要阵地。

（1）让"心理健康教育"走进班级

班级，是学生学习生活的主要场所，也是心理健康教育的主要场所。班级文化是多元的，其中班级文化的阵地建设是一项基础性的物化工程。让"心理健康教育"成为一种"基础文化"，首先要打造基础性工程。这种基础性工程，既可以充分利用班级内部原有的一些设施，也可以不断地开发出新的活动阵地，可以让教室的墙壁、橱窗、黑板、角落成为"不说话的心理辅导老师"，营建出"开心园"、"舒心窗"等等。在班级内形成对学生开展心理辅导的"一条龙"服务：心理信箱、心理热线（电话、网站）、心语导播（班会集体心理教育）、心语小屋（心理辅导室、心理测量室）等等。

而在这些阵地的建设中，"开心园"、"心语小屋"等要真正具有"快乐小屋"的功能，让希望获得心理帮助的学生从中感悟愉悦，体验愉悦，释放烦恼，消除烦恼；从中获得欢乐的自助、互助和他助。"心理热线"要不断延伸、畅通，成为"宽带网"，它是由师生双方或班主任、学生、家长三方建立起沟通的纽带，通过"心理联系卡"、家庭走访、家长来校、师生通信、电话、上网联络、电子邮件等多种方式，定期或不定期，双方或三方、个别或集体相结合的局部性和个别性心理教育与沟通。而且"心理热线"较偏重于保守秘密、尊重隐私、尊重人格，也有利于实现学校教育与家庭教育的同步一致，有利于形成教育的合力。

第一次心理辅导

基本情况	小雨，性格腼腆，连走路都总是轻手轻脚。转来的好长时间，没听她大声讲过一次话，没见她开心地笑过一次，也没见过她为什么事生气或跟谁吵架，学习成绩不好不坏。调查她的家庭情况，家长反映，她在家里却是个极正常的孩子，爱说爱笑，好玩好动，甚至有些"霸气"。一个在家活泼可爱，一进入学校就变得面无表情的小女孩。
咨询记录	我决定"对症下药"，尽自己的最大努力，改变这个孩子，让她打开自我封闭的枷锁融入集体。 我把小雨带到辅导室里，让她帮着收拾东西，整理书籍，让她有机会多接触老师，消除恐惧心理。 在帮着做事的时候并试着与她交谈，问一些她在家里的生活。 做完清洁，我真诚地跟她说谢谢，并奖给她一个苹果，告诉她这是老师对他爱劳动的奖励。 她涨红了小脸，双手接过，我看她嘴唇动了动，却没有发出声来。尽管她不敢开口，但有了明显的目光闪烁——有了讲话的欲望。 我挥挥手跟她再见了。
辅导效果	有了说话的欲望，至少从角落里走到了大家的旁边，这就使得她向集体靠近了一步。

（续表）

咨询小结	自我封闭的状态既影响了孩子正常的智力发展，又影响到孩子的人际交往，甚至逐渐改变了孩子的性格，使孩子变得懦弱而退缩。多"拉"这样的孩子一把，特意安排这样的孩子多接触，相信会有起色。

第二次心理辅导

情况跟踪	经过几个月的交流与沟通，孩子发生了一些变化，要讲话了，而且有意识地愿意和小朋友交往了。作为她的班主任和心理辅导老师，我特意安排许多的活动让她去做，所以她的进步很明显，态度大方得多了，上课回答问题也很积极。
咨询记录	我听到大声地喊报告的声音，小雨如约来到了辅导室里。 我和她一起总结她的变化： 上课的时候，挑一些简单的、容易的问题让她答，告诉她："别着急，慢慢讲。"尽管开口很难，可只要她开口，总能受到我真诚的表扬。渐渐地，她终于偶尔地举起了小手。 适当地安排她搞一些"外交活动"。比如到别的班级借样东西，或到操场上找个人……刚开始，往往是事没做成就怏怏地回来了，后来我让别的同学陪她去，她渐入角色。 她也开始向同学介绍了许多她结识的好朋友。 我看到她脸上幸福的微笑。
辅导效果	终于走出了自我封闭的状态，彻底地融入了集体，融入了课堂。
咨询小结	看来，让每个孤独的孩子变得活泼可爱，只要找到心理问题再"对症下药"，应该是可以改变的。

（2）让"心理健康教育"形成一种"主体性活动"

学生是学习的主体，同样是心理健康教育活动中的主体。要把小学心理健康教育成为一种新颖的丰富的"班级文化"，就要充分让学生畅心地生活在这一文化天地之中，同时这一文化也潜移默化地影响着每一个学生个体，是一种无声的个体心理辅导。

①心理教育活动课：心理教育活动课是在班主任组织下，全班师生共同参与，开展以学生为中心，生动、活泼、交互、联动的活动。活动课可以利用班会团队活动课课时进行，也可以利用周会、晨会进行。根据需要可以安排在室内外、校内外进行。活动课通过游戏、讨论、辨析、观察、演讲、表演、小品、训练、检测等方式方法，旨在发展和提高学生心理品质，进行心理训练。

②心语沙龙：心语沙龙类似于心理活动课，相比较它参加人数要少，一般为5～10人。活动形式更显简约、宽松和灵活，活动时间一般利用课外、晚间或双休日进行。场地选择也十分自由，包括在师生家中。活动的主题也较为集中，参与的对象则较为专一，如班主任或按班级、中队干部，或单亲家庭学生，或贫困生，或存有某类心理困扰的学生，针对一个目标组织一次沙龙活动。心语沙龙更重于心灵沟通，情感体验，更重于加深理解，求取共识。

③心育小报：心育小报可以是小学生自办的"手抄报"，班级中可以有一份或多份，也可以在班级墙报、黑板报中开辟出专栏。心育小报由学生自编自办，旨在让学生交流各自的内心世界，介绍心理健康知识，进行学生心理问题的探讨。班级心育小报可以"走出"班级，与其他班级交流，与学校的广播、小电视台相结合，充实校园媒体、校园文化内容。

④心理小剧：心理小剧包括心理儿童剧、心理小品、心理故事会、心理训练操等等。心理小剧的素材来自学生，心理小剧的写、编、演、看、评都以学生为主体，教师主要发挥支持、帮助、辅导、组织等作用。也可以让教师参与其中，与学生一起活动，或由教师演学生看。让这种为学生喜闻乐见的表演形成更具寓"教"于乐的作用。

⑤"心语日记"：结合小学生写日记、周记，鼓励学生记"心语日记"（周记）。"心语日记"具备学生心理宣泄和排解，提升心理认知和感悟的功能；是能反映学生内心世界的"镜子"，也是能显现学生心理

健康发展的"窗口",还能成为学生健康进步的"阶梯"。班主班老师通过浏览学生"心语日记"(以学生主动愿意提供为前提),能搭通学生的"脉搏",开展对话,交流思想情感。

(3)关注个体心理健康,让阳光照亮每一个角落

心理健康教育除了要面向班内全体学生,还要针对个别已经出现各种心理问题的学生,对学生在学习和生活中出现的问题给予直接辅导,帮助学生排解心理困扰,进行个别心理辅导。个别教育是解决小学生心理问题的有效手段。可为那些有个别心理问题和特殊需求的学生提供一些富有建设性的意见,提高其心理保健能力,从而预防问题的激化。

6月4日　　　　星期五　　　　天气:阴有小雨

我和小汪进入"冷战"阶段。

放学后,我立即奔赴小汪家中进行家访。

这位母亲忧愁地告诉我,小汪在家中根本不服管教,甚至随意殴打母亲。天底下竟有如此"跋扈"的儿子,真是闻所未闻。这位母亲最后含泪告诉我:"何老师,您是他的最后一道防线了,我们真不知道该怎么教育他了,何老师,全靠您了!"

6月5日　　　　星期六　　　　天气:晴

我坐在家中,静静地反思。

小汪一旦做错事,便千方百计地抵赖,一旦被批评,便是一副"天下人负我,我必杀天下人"的怨愤模样。赏识教育在他身上似乎永是"昙花一现"。无奈之下,我拨通了我的心理学导师的电话,通话中,教授直言不讳地告诉我:薄弱的家庭教育造成孩子跋扈的个性,"肆无忌惮"的成长造成孩子心理的偏激,这样的学生急需行为治疗。

6月8日　　　　星期二　　　　天气:小雨

受到教授的启发,我决定和小汪好好谈一谈,以朋友的方式,而非师生的关系。

在安静的教室中,我和小汪进行了一次意象式的谈话。我首先以轻

松的语气告诉小汪：今天，咱们来做一场游戏。小汪疑惑地看着我，我笑着："小汪，放轻松，闭上眼睛，想象你来到了一所房屋前。"小汪依言闭上眼睛，四周一片寂静。两分钟后，我轻声地问道："小汪，告诉我，你看到的房屋是什么样的？有门和窗户吗？"沉默好一会，小汪才低声回答："是一座很破烂的房子，窗户被打碎了，木门上有很多子弹留下的痕迹。"我心中暗暗惊讶，继续引导他："很好，孩子，现在咱们继续做这个游戏。小汪，你想象自己去推开门，走进去，告诉我，你又看见什么？""我看见地面上很脏，桌子被推翻在地上，碗全被打碎了。""好的，咱们继续走，你还看见什么？""没什么了。"我继续追问："那么，小汪，你看见楼梯了吗？""看见了，楼梯很破烂，不能踩上去。但楼梯中间很奇怪，有一大块金子，真好看。"我心中一片了然：这显然是一位冲动型人格障碍的孩子，好在他仅处在童年初期，保持了纯善的童真。了解到这些情况后，我示意小汪："好孩子，咱们离开这里，现在，你可以慢慢张开眼了。"小汪慢慢睁开眼，轻轻地吐出一口气。

我发现小汪的神色轻松了许多，笑着问："小汪，你有什么感受？"小汪咧嘴："心里很痛快。"这是一个好开始。我继续："小汪，从你刚刚的'房子'中，老师发现你心中始终怨恨着什么，是什么让你这样生气？"小汪毫不犹豫地告诉我："我恨日本人。""呃？"我一愣："为什么？""因为日本人杀我们中国人，我心中特别生气。我有时上课盯着窗外的树都在想，我要杀日本人。"我下意识地瞧向窗外，一阵轻风掠过树梢，树叶沙沙微响，我情不自禁感到一阵哆嗦。我赶紧追问："为什么你会想到日本人屠杀中国人呢？"小汪挠挠头："自然就想到了。"我思考几秒钟，继续问："小汪，在你印象中，你有没有记忆特别深刻的事情？"小汪干脆利落回答道："有。就在我4岁时，有3个大哥哥欺负我，把我推进小区水池里，还把水泼在我身上，我很生气很生气，到现在我都记得。"我赶紧问："你后来有还击吗？"小汪咬牙切齿回答道："没有，因为我打不过他们。可我很生气，很生气，他们就像日本人一样。"说到这里，小汪的表情变得竟有几分狰狞。我长长地吐出一口气，终于找到小汪的症结了！

我思考了几分钟，然后我决定坦率地告诉小汪："小汪，你发现了吗？其实你每次欺负同学，打架滋事，都是因为你心中有一种怨愤要发泄，这种怨愤来自你4岁所受到的欺负，因为你那时年纪小，无力反击，所以你的愤怒始终无法倾泻。现在，你欺负同学实际上是你想把这种愤怒转到同学身上，你把与你为敌的人都假想成侵华的日本人，所以你会经常打架，你会经常觉得愤怒，老有想杀日本人的怒火。长此以后，你对身边的事物往往容易作出爆发性反应，稍不如意就火冒三丈，易于爆发激情，心境反复无常，易与他人冲突和争吵。"

小汪睁大了眼睛，不住地"嗯嗯"点头，一会他困惑地问我："何老师，我不想这样，我该怎么办？"我灵机一动："很简单，小汪，每天提醒自己一次：我的身边是朋友，没有敌人。当你愤怒时，想到你身边全是好朋友；当你发火时，想到你自己是有修养的好孩子；当你想破坏东西时，想到自己是讲礼仪的好学生。事先自我提醒和警告，处世待人时注意纠正，这样会明显减轻敌意心理和强烈的情绪反应。而且，孩子，我们要懂得只有尊重别人，才能得到别人尊重的基本道理。要学会对那些帮助过你的人说感谢的话，而不要不痛不痒地说一声"谢谢"，更不能不理不睬。要学会向你认识的所有人微笑。可能开始时你很不习惯，做得不自然，但必须这样做，而且努力去做好。好孩子，老师知道可能开始你会感觉困难，但我们一起努力，一起坚持，你会发现生活还是这样美好。"小汪长久地盯着我，脸上神色从挣扎，困惑到若有所思，长时间的宁静后，小汪突然点点头，起身向我深深地一弯腰，低声说了一句："谢谢您，何老师。"转身离开了教室。

于是，我明白了，我已经重新获得了孩子的心。

（何佩霖）

总之，心理健康教育是教育的新生儿，同样也是学校教育的新生儿，它是在新的历史时期下，随着社会和经济的高速发展，在人的德、能负荷外，人的心理负荷也日益剧增，以至于严重影响到了人的德能展示和生活质量的情况下，应运而生的一个教育门类，一种教育理念。它也是创建和谐校园，实现生态教育理念的重要元素，搞好班级心理阵地建设，注重学生个体心理辅导的实践之路仍然很长很长。

2. 专业咨询，个案研究

学校成立心理辅导中心，对全体教师进行心理健康教育培训，努力把每个教师培养成心理辅导老师。同时，学校还大力送培优秀教师参与专业心理咨询室、辅导员培训，鼓励全校教师自学心理咨询课程，并与川师大教育心理系合作，建立了学生心理服务室，开展了城市移民子女、单亲子女、弱势群体子女和空巢家庭子女的个案研究并进行跟踪辅导。把各种辅导与"活动"、与"学科教学"有机融合，使心理教育不留痕迹。

（1）运用心理测评软件，完善我校学生的心理档案。学校划拨专项资金完善了心理咨询室的建设，购买了专业的测评软件。在全体班主任和信息技术教师的协助下，对全校学生心理现状进行调查。像这样的集体心理调查，学校每期进行一次。同时，对老师、家长发现的有突出问题的学生，及时进行有针对性的测评。

玉林附小学生心理健康情况情况统计表

班级：20＊＊级＊班

一、心理异常学生基本情况

姓名	性别	心理异常表现	是否重点关注	处理情况简述
唐＊＊	男	人际交往障碍	是	每周心理干预追踪
罗＊＊	女	其他行为：智商较弱	是	定期家庭教育追踪
杨＊＊	女	躁狂、人际交往障碍	是	每周心理干预追踪

注：心理异常表现包括：抑郁症、躁狂、焦虑症、强迫症、恐惧症、有自杀意念、突发重大应激事件、重性精神疾病、人际交往障碍、其他行为等等。

二、心理健康教育基本信息情况

1. 班级学生心理正常人数：53人，存在心理异常的人数：6人。

2. 本学期因心理问题造成安全事故的学生人数：0人，具体情况如下：

姓名	性别	原因	现状

3. 因心理问题，需得到心理辅导教师帮助的学生人数：2人，具体情况如下：

姓名	性别	现象	需得到的帮助
冯＊＊	男	躁狂	行为纠正，药物辅助
胡＊＊	男	躁狂	行为纠正

4. 因心理问题，需到专门机构检查治疗的学生人数：3人，具体情况如下：

姓名	性别	现象	是否与家长沟通，及结果
唐＊＊	男	人际交往障碍	是，已送专业医疗机构治疗
罗＊＊	女	其他行为：智商较弱	是，已送专业医疗机构治疗
杨＊＊	女	躁狂、人际交往障碍	是，家庭条件较差，无治疗

填表人：＊＊＊

2010 年 5 月 17 日

（2）科学运用测评结果。对调查中发现的问题学生情况，及时反馈给班主任或家长，并上报心理咨询辅导教师，采用个别或集体辅导的形式，与学生所在班级班主任加强交流，对学生进行心理援助。

为了有针对性地开展心理辅导，心理辅导教师在辅导对象中按月开展心理信息调查分析；抓住自己的阵地——心理咨询室。心理咨询室坚持定时开放，对来咨询的特殊学生在学习、生活和交往中出现的问题给予直接的指导，帮助他们排解心理困扰；对个别有严重心理障碍、情绪不稳的特殊学生，以平等尊重为原则，以沉默来应对或调节，抓住"火候"进行疏泄、劝慰、引导和鼓励。在必要的时候对特殊学生的家长进行咨询。

（3）认真开展学生的个别咨询，做好过程记录，进行追踪调查，认真反思，心理辅导教师之间定期交流咨询工作情况、自学心得和收集的相关信息材料，参加专业培训，提高教师的专业技能水平。

学校心理咨询室每周三下午对全校师生家长开放，分别由学校取得二级、三级咨询师证的专业辅导教师坐诊。咨询者可以通过提前预约、临时要求、教师推荐等方式选择咨询师咨询，咨询的形式也可以自由选择电话、面谈、书信等方式。

根据咨询者的实际情况，心理辅导教师会安排咨询的次数，一般情况下都将有至少两次咨询，以达到有效、有反馈的咨询。而咨询和治疗的方式则会根据实际情况开展，如聊天、谈心、沙盘、绘画、音乐、运动等。咨询的对象也会因咨询、治疗的需要而变化，如与咨询者的重要他人联系，对相关人员进行心理咨询与帮助。

成都玉林中学附属小学家长心理咨询记录

咨询时间	2009 年 11 月 8 日		咨询教师	吴少娟
咨询对象	姓名	性别	年龄	孩子所在班级、姓名
	陈 *	男	35	一（*）陈 *
基本情况	家长发现孩子行为异常。 女儿刚满 7 岁，最近不听话，表现为不准爸爸、舅舅碰一下。爸爸、舅舅的话基本不听，我行我素。 在学校老师反映孩子又特别乖巧、懂事。家长感到很困惑。			
咨询记录	1. 了解孩子在家表现。 2. 详细了解家长与孩子之间存在的问题：家长做服装生意，早出晚归，孩子独自在家，缺少父母之爱；在家的生活学习情况，家长不是很了解。			
辅导记录	1. 对家长提出建议：尽量错时做生意，必须和孩子有良好的足够的沟通时间。 2. 辅导教师对孩子进行一次交流，进一步了解孩子出现问题的原因。 3. 与班主任沟通，了解孩子在班上的情况。			

成都玉林中学附属小学学生心理咨询记录

咨询时间	2009 年 11 月 10 日		咨询教师	吴少娟
咨询对象	班 级	姓 名	性 别	年 龄
	一（＊）	陈 ＊	女	7
基本情况	家长到校反映学生在家情况： 家长发现孩子行为异常。 女儿刚满 7 岁，最近不听话，表现为不准爸爸、舅舅碰一下。爸爸、舅舅的话基本不听，我行我素。 在学校老师反映孩子又特别乖巧、懂事。家长感到很困惑。			
咨询记录	1. 与孩子做游戏，营造良好心理氛围。 2. 和孩子交朋友，请孩子介绍自己的家庭：孩子说的不多，似乎不愿意多说。 3. 让孩子任意绘制"HPT"：从图上发现，孩子有性早熟倾向，进行了解后，得知孩子经常一人在家看言情剧，因此开始拒绝成年男性的亲近；另外孩子在图上表露出平时都是一人玩耍很孤独，而父母都在屋内睡觉的场景。			
辅导意见	1. 与孩子家长沟通，告知孩子出现问题的原因。 2. 提出明确要求：家长必须参与到孩子的生活学习当中，多与孩子到户外游戏，看有益的电视节目。 3. 与班主任沟通，请多给孩子与男生交往活动的机会，并关注孩子的言行。			
辅导效果	1. 家长改变了工作生活习惯，由父母分别抽出时间参与孩子的学习生活。 2. 班主任任命女孩为班长，带领同学开展各种活动。 3. 女孩与心理辅导教师成为了朋友，经常到咨询室聊天，近期绘图看出，孩子的家庭氛围明显改善。（2009 年 11 月 29 日）			

通过几年来的实践，学校开展的个别心理咨询活动深受师生家长青睐，通过专业心理咨询辅导老师的咨询帮助，很多有轻微心理问题的学生走上了健康成长的道路。可以说，在学校普及心理教育和个体辅导帮助的双管齐下中，心理健康教育进入了良性循环的轨道，持续地为全校师生家长提供优质的德育教育环境。

第三节　专业引领家长，优化家庭成长环境

青少年的成长环境主要有学校、社会和家庭。家庭是未成年人成长的摇篮，家长是孩子人生的第一任教师，家长和家庭教育对他们的心理健康和人格的发展有着十分重要的影响和作用。

近年来，由于教育环境不断发生变化，社会开始关注家庭教育对青少年心理健康的影响，因此家庭心理健康教育的地位更加突出。家庭教育不仅可以培养青少年良好的道德行为和品质，还可以促进健康的心理形成。家庭教育对青少年心理健康的促进作用表现为以下几个方面：第一，塑造良好人格。第二，培养良好的心态。第三，家庭心理健康教育的价值观引导作用。

引导家庭教育对学生进行心理辅导成为了学校心理教育的重要部分。学校广泛宣传家教知识，不断提高家长自身的心理素质和心理健康水平，以良好的行为、正确的方式去影响和教育子女，使家长和教师目标一致，达成共识，形成学生心理健康教育的强大合力。

1. 正视家庭心理教育误区

教师通过对家长的问卷调查、沟通交流等形式，了解到在当前的家庭心理健康教育实践中仍存在很多误区，造成青少年心理畸形发展。

一是思想上的误区。由于近年来社会生活中竞争日益激烈，家长们

把自身感觉到的危机感、急迫感，过早地转移到了孩子们的身上。一些家长一味地希望孩子学好功课，考个好大学，找份好工作，社会地位相对高点，经济收入相对多点，千方百计想让子女出人头地；有些家长不仅仅盼望孩子将来高人一等，还将孩子作为一个筹码，促其为自己争光争利，升官发财、光宗耀祖。

二是认识上的误区。应试教育的观念还深深地影响着家长们，素质教育的思想还没有深深触动家长们的心灵。他们仍停留在应试教育的桎梏中，把考名中学、名大学作为唯一的教育目标，尚未真正认识到每个人都是一个综合的、能动的个体，人的各种素质是相互关联、相互影响的，而实践才是教育和学习的最终目标，创新才是学生以及社会发展进步的灵魂，审美才是社会文明和谐、人生幸福快乐的关键。

三是行动上的误区。教育过度现象在当前家庭教育实践中普遍存在，家长们普遍舍得智力投资，重视子女学习，这是好事。但是，家长们一厢情愿地、自以为是地把学生局限在狭小的天地里，来昏天黑地地加班补习做作业，背唐诗宋词，练书法绘画，学弹琴唱歌……这种疲劳战术很容易使学生身心疲惫不堪，始终处于被动应付状态，甚至会产生逆反、恐惧心理。他们忽视了学生生活的全面性、丰富性、能动性，不仅不利于学生多方面地获取知识，锻炼思维，不利于学生全面、健康的发展，而且就学习本身而言也是低效的，弊多利少，因为它仅仅是一种短期行为，不但无益，而且有害。

2. 专业引导家长参与心理教育

家庭因素严重影响学生心理健康，因此，要使学生真正实现生态教育理念，促进学生的自我意识健康成长，就应主动介入家庭心理健康教育。学校利用家长学校平台，对家长进行心理健康教育问题专题培训，学习家庭教育的科学方法，和家长一起探讨个案。相当一部分家长通过培训、探究，从教育学生的误区、盲点中走了出来。

（1）学校把学生心理健康教育的目标、任务及时与家庭沟通，取得家庭的配合。教育观念是影响家长素质的核心，也决定着家长对子女的期望值和教育态度。因此，首先要加强对家长的观念引导，转变教子观念，树立正确的心理健康教育目标，家校合力，促进学生心理健康全面发展。学校可以充分利用家长学校，开展相关主题的专题讲座。

（2）要引导、指导学生家长学会从心理发展的角度来分析学生成长中出现的问题和困难，对于不良心理倾向及时采取矫治措施。学生的心理健康问题主要根源于家长对子女的教育。心理健康的家长能根据学生的心理、生理特点有针对性地加强对学生的教育，起到学校教育无法替代的作用。例如，教师与家长的直接对话，心理辅导教师与家长的交流等等。

小卢，一年级新生。聪明伶俐，活泼好动。刚入学时，行为表现恶劣，其表现为：上课不认真听讲，课桌下钻来爬去，书本文具毫无收拾，老师讲前面内容，他翻看后面插图。下课后，楼道操场疯跑，爱和同学追逐打闹，惹是生非。总是要等到上课铃声响过好长一会儿才能满头大汗的冲进教室，很久不能进入学习状态。家庭作业十有八九不抄写，总是婆婆打电话询问。

针对小卢的种种恶行，我使劲浑身解数，谈心交流、伺机夸奖、威逼利诱、施以小惩，各种招数轮番上场，但效果甚微。究其原因，仔细观察一番，发现这孩子性格十分叛逆，老师家长的教育根本听不进心。

我请来了家长，与她深度交流。

孩子从小受到家庭的溺爱，父母因工作原因，孩子由婆婆带大，婆婆凡事都顺从他的意愿，导致孩子性情乖张，叛逆任性。当家长发现孩子行为性格上的不良倾向时，由于缺乏对儿童心理的正确认识，导致教育方法、手段不当，孩子越发地自我膨胀，只有其父用严厉的鞭笞手段才能对其"教育"。这种无所不包的代替和无微不至的照顾，加上间歇性的暴打，完全扼杀了孩子的天性和童真，使致孩子性格上的缺陷和心理上的障碍。

了解了孩子问题的症结，我决定对症下药。

首先从家长着手，只有这个有力的助手充分发挥作用，我才能在孩子的教育上如虎添翼，事半功倍。每天放学时，我会跟婆婆汇报小卢这一天在校的表现，让家长充分了解孩子学习情况。同时，告诉她如何针对孩子的问题进行教育，不要一味的宠爱或打骂，生活上要适度放手，培养孩子的独立自理能力，凡事包办的后果使生活能力低下，对学习能力毫无促进作用。

婆婆的到来让我感到很不满意，于是我打电话联系了小卢的父母，希望家长能主动到校沟通，经过三四次的催促，家长很不情愿地来到了学校。我沉下心来，冷静地与家长交流了近期在教育小卢上的心得体会，传授一些在教育实践中行之有效的方法：建议家长与孩子制定生活作息时间表，设立奖惩措施，并按要求执行；做力所能及的事情，给予物质或精神奖励；父母每人必须一人参与孩子的学习生活，每周至少三次带孩子出去散步、玩耍；父母做好表率作用，尊敬长辈，孝顺婆婆；逐步减少责骂次数，杜绝体罚。

随后我还推荐家长给孩子购买"轻音乐"、"故事"、"弟子规"等磁带，让家长陪着孩子听，以求孩子静心。后来家长在我的引导下购买了《知心姐姐》、《教子全书》、《素质教育在美国》、《男孩穷着养》等杂志书籍，在理论的指导下，踏上了孩子心灵教育之路……

（李未霞）

（3）指导亲子沟通，优化家庭成长环境。亲子关系不和谐的主要原因在于缺乏经常有效的沟通，针对这个情况，学校可开展一些吸收家长参加的主题班会，如"假如我是家长"主题班会；邀请家长和学生一起参加运动会、春游等活动；实行学生家庭表现周报告制度，要求家长按时填写的报告表内容涉及生活习惯、文明礼貌、劳动、锻炼等各个方面，从而也引导家长关注孩子身心发展各方面的成长与进步。

"口水"家长

一、活动目标：

1. 通过自评和孩子评价，让家长明确自己目前家庭教育中存在的"唠叨"的误区。

2. 了解过多的唠叨对于孩子和自己的不良影响。

3. 引导家长深入认识"唠叨"这一现象背后的心理原因。

4. 通过心理游戏对家长进行克服唠叨的心理训练。

二、活动方式：

采访、谈话、游戏、专家点评等。

三、活动的准备：

1. 通过观察和调查，在家长中寻找活动的对象，启发活动对象积极主动地参与活动。

2. 对孩子进行单独的采访并录像，让家长能客观了解孩子对家庭教育的真实感受。

3. 对于"唠叨"这一现象进行深入的剖析。

4. 设计与之相应的心理游戏。

四、活动过程：

（一）感知"口水"。标志：唠叨。

1. 家长自评。（星级和经典语言）写在纸上，展示交流。

2. 孩子评家长。（星级和经典语言，感受）看录像。

（二）认识"口水"。

1. 口水分类：

（1）嘱咐型：多喝水

（2）指责型：为什么只考 98 分？

（3）陈芝麻烂谷子型：上次你……

（4）委屈抱怨型：要不是为了你，我……

2. 对孩子的影响。

家长和孩子共同分析交流。

小结：打击孩子的自信心；滋生依赖情绪和惰性；彻底地否定孩子；让孩子承受过多的心理负担。总之，让孩子产生抵触、逆反、敌对、逃避的行为。

3. 对家长的影响。

案例分享：唠叨的儿子。

案例分析：相互的语言攻击，语言暴力带来行为暴力。

家长说说自己的感受。

小结：累（非说多次不可）；烦（说了半天，孩子不吭气不置可否，消极抵触）；痛（以牙还牙）。

（三）寻找对策。

1. "口水"背后的原因。

（1）性格原因：性急。（2）工作、生活的压力。

（3）对孩子过高的期望。（4）弥补遗憾情结。

2. 探寻替代"口水"的方法。

游戏：你演我猜。

小结：肢体语言，沉默，倾听等。

3. 心理训练：

家长上场，劝说一位死活不愿做作业的孩子。要求：限时三分钟，尽量少用口水。

点评：结果成败其次，重要看情感的交流诱导、替代方法的运用方面。

（四）尾声：

唠叨的家长并非不爱自己的孩子，而是方法可以作适当的调整，以更少的力气，收到更好的教育效果。

孩子给家长送礼物，同时表达对家长的爱。

（任红英）

（4）学校通过邀请专家学者做讲座、面向全体家长开展心理健康教育培训、发放有关学习材料、推荐优秀的家庭教育书刊文章等形式，使家长掌握有关儿童心理发展及教育的知识，增强家庭教育和心理指导的科学性和有效性。

亲爱的家长们：要想孩子爱上学习，必须抓好家庭教育。只有家长和孩子都重视了孩子的心理健康发展，孩子才能在学习的海洋里自由地翱翔。所以在开学初，我送给每位家长一份礼物——《好妈妈胜过好老师》。希望爸爸妈妈们能够静静地读完它，并能与我们分享你的感受。

——班主任：黄秀珍

家长的来信：

女儿开学的家长会上，黄老师推荐家长共同阅读《好妈妈胜过好老师》。我带着对正确的家庭教育方法的期待以及如何审视以前的教育方式读完了此书。

读后，今后如何更从容地面对家庭教育，并且很多教育问题让我深思，有如下几点我感触颇深：

第一，"小学阶段主要解决学习兴趣问题，初中阶段主要解决学习方法的问题，高中阶段拼的才是勤奋"。学习兴趣的养成要顺其自然，在学习兴趣养成的过程中，尽量要让孩子消解"苦"，而不强化"苦"，尽量帮孩子解决成长中的烦恼。如果没有小学阶段养成的"学习兴趣"基石，就不能很好地实现后阶段的"学习方法"和"学习的勤奋"。可见，学习兴趣的养成重要性非同一般。

第二，在家庭教育中应"做听话的父母"。在童心世界，权威主义者只不过是不听话的父母。其实孩子没有错，切入点永远是改变自己的教育方式。犯错是儿童成长的必修课，学会接纳孩子的错、对待孩子的错，"不做穿西装的野人"。理解比批评更能让孩子记住教训。孩子的不良习惯的养成不无与我们的教育方式出问题相关。

第三，比黄金还重要的"实事求是"。培养孩子实事求是的精神，不要让她生活在虚假、虚荣的环境中，家长应以身作则，特别注意从言行上影响孩子。培养孩子的批判意识，让她敢说真话。

　　审视我以前对孩子的家庭教育，和此书作者对女儿的教育相比，存在诸多观点不同，还有不少问题：没有注意言行对孩子的影响；对孩子的"错"采取简单指责，甚至粗暴的处理方式等。我们需要在今后的家庭教育中去改正，去调整，去实践。当然，对此书只读一篇是不够的，对它的抽象的教育理念的理解是肤浅的，需要我今后在孩子的教育中去细细品味，进一步学习。

　　非常荣幸我女儿成为玉林中学附小 10 级 6 班的同学。我坚信，在重视心育培养的班级氛围中，在家长和学校的双重教育下，我们的孩子一定能茁壮成长。

　　在对家长的心理教育能力培训中，学校发现，恰当地给家长布置相关的书面作业，将更有效地提高家长的教育意识和实践操作能力，使得家庭教育落到实处。

　　在各类讲座培训中，学校还特意留出足够的时间，让家长与专家进行一对一的咨询，以求帮助家长更好地参与到学生的心理辅导教育中。

玉林附小家长学校心理辅导讲座（实录节选）

走进孩子的心灵

四川师范大学教授　杨雪梅

家长的困惑：儿时问个没完，大了一问就烦。

处方：当有同感的"伙伴"。

专家问：您的儿子一直这样吗？

家长回忆儿子的童年，说那时儿子总是跟在屁股后头问这问那，"问得我都烦了"。

专家继续问：您回答他的提问吗？

家长回忆：他提问从来不挑时候，我忙得不可开交时，他来凑热闹。我跟他说，去，到屋里玩去，没看见我正忙着吗？过后他也不问了。

专家解答：孩子在成长过程中，需要父母的陪伴，需要得到父母的指导，也需要父母倾听他们的心声。经常有这种事情发生在亲子之间：孩子兴冲冲进来，想跟爸爸妈妈谈论班上发生的事情。爸爸妈妈正在忙着其他的事儿，叫孩子等会儿再说，或者孩子诉说一件委屈的事情，没想到爸爸妈妈一听上就发火，责骂孩子笨，不会处理事情，根本不去了解真正的缘由。这种事情只要发生几次，亲子之间的沟通就会发生问题。

每当孩子跟父母说话时，父母要尽可能放下手头工作，全神贯注地听孩子说，这能让孩子觉得父母很在意听他说话，孩子感到受到尊重和鼓励，也很愿意说出自己心里的感受。如果父母正在思考问题，也不要说"别来烦我"之类的扫兴话，很耐心地告诉孩子：爸爸（妈妈）正忙着，稍微等一会儿好吗？然后不要再让孩子找你，你要主动去找孩子，接上刚才的话头。

家长的困惑：儿时听话照办，大了事事逆反。

专家处方：做有修养的"听众"。

家长表示：我为孩子安排了一切，吃、穿、住、行、学习、校外班、体育运动、外出旅游。所以，对于我的"毫不利己，专门为她"的安排，她应该服从。

专家解答：父母应该清醒地看到，"一切为了孩子好"虽然是所有父母行动的出发点，但总是让孩子绝对地服从父母的"好意"，孩子可能会出现极端的表现。一些父母很少和孩子有平等的沟通，和子女的谈话几乎都是指责，甚至采取严厉的言语攻击，孩子的自尊心受到严重的伤害。父母经常伤害孩子的自尊心，亲子之间很容易造成隔阂和对立，甚至形成难以消除的敌对状态。

父母要肯花时间、有耐心，要做有修养的听众，"用心"倾听孩子的心声，"用心"走进孩子的世界，积极发现孩子的优点，然后发自内心地赞扬这些优点，尝试着不去批评孩子。只要父母认真去做，了解、关怀、接纳孩子，孩子就会很乐意和父母在一起。这样，你的孩子拥有健康的心理就不是梦想，孩子也能顺利迈向成功之路。

在专业杂志书籍的通识性培训中，在心理专家的一对一的指导下，我们的家长逐步成长为具有一定专业知识和实际操作能力的心育工作者。

（5）充分利用网络平台。学校在校园网上设立"心理"专栏，让学校、老师、家长利用互联网进行直接的、一对一的交流，使学校、老师和家长三者之间加强了沟通，加深了理解，为家长学校提供了新的方法、新的空间。学校多名教师开通了班级博客、班级论坛，在这些网络平台上，老师们与家长进行互动，协助家长开展学生的心理健康教育。

除此以外，学校还通过班级家长会、心理小报、家访、家校联系本、电话、聘请具有专业知识的家长辅导员等形式对家长进行学生心理健康教育的指导。

学生是学校教育工作的主体，也是家庭的一分子，同时又每时每刻生活在社会这个大家庭中，家长对心理健康教育的认识和观念直接影响到学生心理健康教育的发展。因此，要开展好学生的心理健康教育，必须需要家庭和学校力量的密切配合。

在生态教育思想的引领下，让每一个学生拥有健康快乐的童年，心理健康教育的重要地位得到玉林附小每一位教育者的高度重视和积极实施。学校从为学生的成长及心理健康服务出发，针对传统教育思想心理素质培养状况，结合学校实际，形成一个有机整合的心理健康教育体系。通过组织建设、环境浸润、集体辅导、活动开展、个别辅导、家庭辅导以及科研引领等多种形式，有效预防了学生中潜在的心理疾病，培养学生良好的自我观念、独立性以及对挫折的容忍力、调控情感的自制力、面对困难的意志力等健康心理，帮助学生在生活中逐渐学会认识自我、接纳自我、调节自我，开发自身潜能，从而提高学生的心理素质，促进学生人格的完美发展，进而实现学生素质的全面提高，达到人与自身的和谐统一。

第六章

➡环境教育，自然和谐

长期以来，学校德育的主要功能围绕如何处理人与人、集体与社会组织的关系，而相对忽略了如何处理人与自然，包括人与其他生命体的关系的教育内容。将生态伦理纳入学校德育，使道德对象从人与人扩展到人与自然。在学校德育中，要使学生形成既要对他人和社会承担责任，也要对后代、其他生命形式乃至整个自然界承担责任的道德观。

当如何处理人与自然的关系成为新的道德对象时，必然引起德育内容的重新构建。作为一种新的德育内容——"环保德育"，是一种从人与自然相互依存、和睦相处的生态道德观出发，引导学生自觉养成爱护自然环境、树立生态保护意识和相应的道德文明行为习惯的教育。

为使生态道德教育在学生中得到长期、有效地进行，玉林附小以课题《小学生生存与环保意识整合研究》为载体，推进环境生态教育的持续展开。

为此，学校通过建设生态校园、社会实践、社区服务等方式，开展丰富多彩的环保德育实践活动，加强与现有德育课程及各学科的渗透，开设相关选修课，从而使学生在学习知识和参与活动的过程中，树立起可持续发展的生态伦理观，并最终转化为自觉行动。

第一节 探索教育模式，实现两渗透两结合

学科渗透环境教育就是教师在现有学科教材中，充分挖掘教材中环境教育的素材，寻找学科内适合环境教育的教育点。将该教育点作为环境教育的教学模块，并将环境教育模块放大设计，包括环境教育视点、环境教育目标、环境教育活动、环境教育评价与反思等。重点研究在学科教学活动中对学生进行环境教育的课堂干预策略、课后践行策略，从而促进学生潜移默化地形成环保意识，培养环保行为。同时，通过研究，已形成序列的学科渗透环境教育的典型案例。具体说做到了两个渗透（在课堂教学中渗透，在第二课堂中渗透），两个结合（环境教育与学生行为规范教育相结合，环境教育与社会实践活动相结合）。

1. **在课堂教学中渗透**

学校许多学科始终将课本内有关环保的内容进行有机整合，寻找教材中的结合点。教导处不定期检查，要求做到有教案、有考查。同时结合课程改革，强化环境教育，自编环境教育校本课程。学校要求教师把教材中凡是能涉及环境教育的渗透点都要挖掘出来，在课堂上做到有机结合，适时适度。各科教师都将提高环保意识作为自己义不容辞的责任。

如《科学》教材中所讲授的空气污染，安全用火，节约用水，水的消毒，水域污染，食物链，重水土保持、植树造林、能源矿产资源的合理利用等，其环境教育的指向一目了然。其他学科则要注意渗透的切入点，例如音乐课《小水滴的旅行》，在音乐的熏陶中自然地受到环境教育。

小学语文中《鸟的天堂》、《蛇与庄稼》、《可爱的草塘》、《趵突泉》

等课文都能有机渗透生态平衡、食物链等一系列环保知识。就《蛇和庄稼》一课而言，只要教师从弄清事物关系入手，引至"蛇是庄稼的朋友"，从而教导学生要爱护益虫、益鸟。

又如上《趵突泉》一课时，一位学生质疑，说旅游所见与课文描写有矛盾，教师因势利导，与学生一起分析"趵突"变枯泉，这个景观变化的原因，引导学生讨论怎样可以恢复景观。虽然只是三言两语，但既为学生解疑，又有机地渗透了环境教育。

为保证"渗透"这一环节不走过场，各教研组明确分工，要求学科教师认真钻研教材，仔细筛选出环境教育的知识点，并把这些知识点汇集成序列，形成该学科环境教育的渗透教育序列。三年来，学校一共收到教师环境教育研究论文一百四十篇，教师学科教学渗透环境教育案例近百例。并从中选取了部分优秀作品编辑成书《绿色之行》，号召并组织全体教师努力实践，从而使小学生生存与环境教育在学校、社区、学生中、家庭中得到长期有效地进行。

2. 在第二课堂中渗透

环境教育不仅在课内有机渗透，而且要发挥课外活动这个主阵地的作用，让学生在课外学到课内学不到的一些实践本领与基本技能知识。为了巩固校内环境教育成效，玉林附小积极开展课外环境教育实践活动，使环境教育的成效能在课外进行拓展。

学校的环境教育课外实践活动内容广博，形式多样，参与人数众多。学生参与的环境教育实践活动主要有下列几类活动：

（1）充分利用与环境教育相关的节日。如植树节、世界地球日、世界环境日、世界戒烟日、世界爱鸟周、世界粮食日、中国环境保护法颁发纪念日等，成为"晨会"的环境教育主题，并组织各年级开展环境教育的活动主题。每逢重大的纪念日到来，我们都会组织学生进行相关的活动，如去社区向居民派发环境宣传单、张贴宣传画；组织大型的文艺演出，开展具有纪念意义的演讲、朗诵和儿童画大赛；办墙报、征文、推举环保小天使等系列化的节日环境教育活动。

（2）多种环境监测和环境科学探索实践活动。此类活动根据各年级学生的身心特点、能力及兴趣爱好，组成各种环境科学兴趣小组，在教师和有关专家的指导下开展。培养学生对环境科学探索的意识和兴趣，促使学生掌握一定的环境保护的知识和技能，并形成学生环境科学的研究小成果。

学生在教师和环境教育共建单位的专家的指导下进行环境科学实验，在地理环境方面进行"绿色空气"、"有害废弃物对环境的影响的调查"、"肖家河中水回用工程调查"、"身边的植物"、"我们爱肖家河步行街"等环境问题的社会实践活动。以上活动，学校都要求学生全员参与，力求让每一个学生都来关心环境、保护环境，为环境即为人类自己出一份力。学校通过丰富的实践活动和环境科学探索实验活动，实施环境教育与科技活动，既培养了学生的环境科学探索精神，又使学生掌握了一定的环境保护的技能和形成了进行环境科学小实验的能力。

（3）社区环境保护实践活动。学生的社区环保实践活动主要有以下几项：

一是进行社区环境素质调查、考察活动：学生们对学校和家庭的周边环境深入调查，并写成书面调查材料，从实地实景中体会环境污染的严重性和环境保护的重要性。学校还组织学生考察学校所在小区肖家河河水水域污染情况，通过指导学生对水体表面的颜色、气味、漂浮物以及水域周围等情况的调查，得出结论，提出自己的建议等，从而诱发学生保护环境和改善环境的意识，促使学生在积极主动的参与中增强保护环境的自觉性。

二是参与社区环境问题的解决，学校有计划地分批组织学生对环境中存在的问题进行调查、分析，想方设法寻找环境问题解决的对策。如学校组织学生以小组为单位，对校内外生活垃圾进行调查，在活动中，让学生对垃圾的种类、来源、气味等进行判断分析，指出这些垃圾对环境的影响和对人类的危害，向社区提出对这些垃圾的处理意见。

三是进行社区环境监督活动，学生通过对社区的环境进行监督并向社区提出环境保护的有关建议，督促社区对环境采取一定的保护措施。

四是参与社区环境保护活动，如组织全校学生参与社区的清洁，又如在社区开展垃圾分类的宣传，以此带动社区环保活动的开展和推广。

多年来，学校的"绿色小卫士"已经成为社区环境活动的一支生力军，学生参与人数逐次增加，学生们都把能够参加环境活动当作无比光荣的事情。据初步统计，学生参与率达到100％。

（4）再生资源回收与利用活动。如设置废纸回收箱，让学生回收废纸；每个班级都有一个可回收垃圾桶。在垃圾桶的上方张贴如"垃圾混放是垃圾，垃圾分类是资源"等环保标语。

为了丰富学生的环境知识，环境教育需要聘请有关环境科学、环境教育的专家、学者来校为学生举办环境科普讲座，播放环保教育录像片，激发学生参与环境保护活动的兴趣，唤起学生保护环境的意识，丰富学生环境知识。另外，学校积极通过红领巾广播站、宣传橱窗、知识竞赛等形式向学生开展环境教育法规宣传，丰富学生的环境保护法律知识，提高学生的环境保护法律意识。

3. 环境教育与学生行为规范教育相结合

通过环境教育开展系列活动，使学生树立起环境保护意识，将自己的一言一行与环境保护结合起来，自觉遵守"玉林附小环保行为规范"，保护校园环境的整洁。不仅在校内做好小学生应有的行为规范，而且上街宣传环保知识，不定期打扫肖家河健身一条街两侧的交通护栏、灯箱、体育设施等，开展清除肖家河污染源活动，受到社会好评。

4. 环境教育与社会实践活动相结合

学校在环境教育实践中依靠社会力量，建立环境教育实践基地，如雏鹰基地、敬老院、校实验室等。通过基地建设，使学校环境教育更好地与社会实践统一起来，做到学有基地，看有地方，做有场所，培养了学生的动手能力和劳动技能，保证学校环境教育有计划、有步骤地开展。

玉林附小学科渗透环境教育的总体规划

环境教育具有跨学科、综合性、与社会实际问题和学生个人生活联系紧密的特点。学校教导处根据课程标准的要求，将所有与环境教育有关的内容和要求摘选和集中。依据环境教育的特点由学科教研负责人组织本学科任课教师编写本学科的渗透方案。教导处应协调各学科教师定期开展环境教育教学研究和进行课堂观摩交流，以加强环境教育教学在各学科知识、意识、技能、价值观、参与范畴的渗透。

1. 语文、社会、思品渗透环境教育

三门学科结合教材、要求完成环境教育内容，列入教研组工作计划，使学生认识到保护我们的生存环境的重要性，理解人与自然的关系，树立良好的环境意识。每月一次集体备课，每个教研组每学期组织一次环境教育研究课。

在语文学科中要通过名人、名言、名篇，对学生进行环境保护意识的情景教育，对一些典型课文中的环保科学知识有侧重地讲解。语文课不能只满足于进行语言训练，还要注意培养学生热爱自然、保护自然的高尚情操，如《大瀑布的葬礼》一课，学生不仅能领悟课文的语言美与风光美，还应懂得它在生态中保护沙土流失、减缓风速的作用。又如通过《只有一个地球》教学，让学生认识到人为的破坏环境，将给自身的生存带来严重的威胁，而地球如被破坏了，人类将别无去处，所以我们必须精心保护地球，保护地球的生态环境。课后，还可安排学生开小小讨论会，让他们互相交流体会、感受：在日常生活中应怎样保护地球的生态环境？对那些破坏地球生态环境的现象我们应该怎样对待？这样，既有利于学生理解语言，掌握语言，运用语言，学习表达，又有利于增强学生的环保意识。

品德与生活课要在爱护家乡、学校一草一木，净化、绿化、美化学校的环境，培养学生良好卫生习惯等方面进行教育，侧重培养学生环保的社会意识、道德意识。社会学科通过学习，让学生了解人类社会与环境相互作用的关系，特别是近代，人类利用自然和改造自然的能力大大加强，环境问题随之出现并日益恶化。随着科技的进步和经济的发展，使工业文明的进程成为一个过度利用资源使之趋于枯竭、环境污染、生态失衡，以及人口爆炸等的过程，从中培养学生正确的环境价值观。又如《积极参加公益活动》、《节约水电》、《做一个有责任心的人》等都是环保教育的好材料。学校教师善于挖掘教材资源，充分发挥多媒体手段辅助教学的优势，充分发挥学生的主体参与意识，科学巧妙地把握教学契机，让学生在轻松愉快的气氛中受到环保教育。如《节约水电》一课，教学时教师通过形象的录像资料，使学生知道水是人类生存的基本条件。为了增强说服力，帮助学生知道节约水资源的重要性，教师还播放了一段北方因干旱给生活、生产带来严重后果的一组镜头。课后布置学生以小组或个人的名义写一份节约资源、保护环境的倡议书，出版一期墙报，扩大宣传面，让全校同学行动起来，为保护和改善环境出一分力。从课内延伸到课外，强化了学生的环保意识。

2. 开展综合实践活动，渗透环境教育

为培养学生从小树立热爱环境、保护环境、与自然和谐共处的绿色文明意识，认真组织综合实践活动。

语文学科开展《人与环境》实践活动，把收集的资料通过小报形式反映出来，定期开展环境教育征文活动并汇编入《春笋》集。

品德与生活和社会学科结合课本，开展宣传环保、环保法律法规活动。活动内容和过程是观察本地的环境状况，课外查找、收集环境问题的有关材料，归纳出危害性，查阅相关资料分析其成因，针对本地区存在的环境问题，向有关部门提出合理建议和可行性治理措施。

自然学科开展《蚕桑文化》实践活动，通过饲养蚕宝宝培养学生热爱生态，热爱小生命的情感。

3. 数学教学渗透环境教育

数学学科要认真贯彻学校环保教育计划，明确数学学科在环保教育中的意义与作用，在数学课程中有机渗透环保意识的教育，充分利用学校及学校周围社区的自然环境、社会环境，让学生们对环境问题进行多种角度的参与和实践，并利用所学的知识与技能解决实际生活中的问题。使学生们积极、轻松、自然地接受环境教育并变为自觉的行动。让学生初步了解在小学数学教材中涉及到的环境科学知识，了解当前重要的环境问题，树立保护和改善环境的意识，培养学生的环境道德观，把环境道德教育作为思想品德教育的一个重要方面，并发展学生的环保技能，发展学生运用所学的数学知识和方法解决环境问题的能力，培养学生的批判性思维，建立科学的世界观和可持续发展的思想。其在各年段的实施措施如下：

（1）低年级（一、二年级）：

侧重于简单的、初步的环境知识。如通过对图形、物体、动物的认识以及对有关环境的简单应用题学习，并适时开展游戏与实践活动（如《游览美丽的海滨》一课等），让学生体验环境的美，培养学生爱护环境的意识。

（2）中年级（三、四年级）：

侧重于了解或理解基本的学科知识，学会或掌握一定的基本技能，并能用它们解释常见的自然现象，解决一些实际问题。如通过考察自然和人工环境中的物体来学习几何中的一些概念和掌握简单的数据整理、统计与运算的技能，从而认识数学与环境的密切联系；通过对亿以内数的学习，使学生了解我国人口状况；开展如《可怕的白色污染》之类的调查实践活动，增强学生的危机感、紧迫感与责任感。通过有关环境方面应用题的教学，让学生解决相关的实际问题。

（3）高年级（五、六年级）：

侧重于培养学生的环境意识、环境态度、环境价值观以及运用数学知识解决环境问题的方法和技能，同时进一步扩大思想教育范围，使学生受到国情教育。如通过统计材料可以反映我国资源虽然比较丰富，但人口众多，人均资源少，从而可以提高学生对合理开发利用和保护资源的认识；通过对《百分数的认识》一节的学习，让学生知道中国人民用占世界耕地面积7％的土地，养活了世界上22％的人口，使学生受到国情教育、人口教育；根据第十册教材内容，通过让学生在一个路口统计十分钟内各种机动车辆通过的数量，一方面使学生对交通状况有所了解，另一方面使学生联想到汽车尾气造成的污染，提高学生对数学知识与实际生活相联系的认识。

4. 科学教学渗透环境教育

科学、自然学科就是培养学生注重对与自然环境相关的事物的探究，保持和发展对周围世界的好奇心与求知欲，形成大胆想象、尊重证据、敢于创新的科学态度和爱科学、爱家乡、爱祖国的情感；亲近自然、欣赏自然、珍爱生命，积极参与资源和环境保护，关心科技的新发展。其中，有很多课文内容就是和环境有关系的。例如三年级学习《水》这一单元，使学生明白水净化的重要性。教育学生要从小养成保护水资源的习惯。学习《纸》这一单元，教师就抓住切入点，让学生算这样一笔账：如果浪费一吨纸，生产这一吨纸要消耗多少木材，这些木材成长需多少年，它有多大的生态效益？纸厂生产一吨纸，工人要花多少劳动，要向河里倾泻多少废水，这些废水对生态造成多大危害？算清了这笔账，学生不仅会养成爱惜纸张的习惯，而且受到一次生动的环保教育，对于影响生态环境的复杂的制约因素有一个辩证的认识，由此还可以对其他生态问题举一反三，收益将是多方面的。

此外，科学自然教研组的老师紧扣环境保护这一主题，开展了一系列的"科学小博士"的比赛。通过比赛，使学生更好地意识到保护环境的重要性。

5. 艺术学科渗透环境教育

培养学生从艺术角度考察和理解环境，一方面通过对艺术作品的欣赏、听唱、评述，引导和启发学生对艺术所反映的主题产生一种情感体验，另一方面，通过作品本身的艺术感染力促使学生对周围环境和大自然产生一种积极的情感体验，激发学生热爱大自然，从而最终积极参与环境问题的解决。

美术课则通过"观察与感受——素描与速写"达到环境教育渗透的

目的。陶艺课上使用绿色的生态泥，并且引导学生发挥想象力制作一些和环境保护有密切联系的作品。老师还组织学生画一些有关保护环境的漫画和宣传画，在学校里进行展览。

6. 信息技术学科渗透学科教学

信息技术课不仅仅要成为学生掌握信息与传播知识的一门学科，而且要有助于他们更好地掌握环境知识，提高环境意识，促进学生们的环境素质的发展，最终促进环境的改善与保护。在信息技术课上，通过教会学生使用因特网，让学生能更好地在网络上寻找一些有关环境保护的知识进行学习，也为其他的学科渗透环境教育打好了坚实的基础。有些学生的绿色作品，他们就会自己上传到网上，使更多的人看到，了解到。

7. 英语学科渗透环境教育

在英语教学中，每一课都有一个完整的意境。教师可以借助意境对学生进行德育教育。在英语教学中，每一节课，教师都可以画出图，每一单元都配备一幅挂图，在利用这些图传授知识的同时，也可以进行环保渗透。英语是一种语言，是活的东西，学英语离不开说，在说教中加强对学生的环保渗透。

各学科环境教育渗透教案，要求教师每学期要把有关教案交到教导处备查。

在环境教育教学的课程设置中，学校没有统一安排，而是要求各学科教师根据学科的特点和内容，在有涉及环境教育方面的内容时充分利用好校本教材，在学科教育教学中渗透环境教育方面的内容。如有必要，也可单独对学生进行专题的环境知识教育。环境教育的主要渠道是渗透教育：一是学科渗透；二是德、智、体、美、劳多项活动中渗透。

第二节 开发校本课程，
确保环境教育常态

学校从生态环境、生活环境和环境问题三个方面，开发三至六年级探究性实践活动的环境教育校本课程。课程将选取学生身边的环境教育问题为话题，重点突出探究性学习的过程与方法，通过观察、实验、调查、测量、操作、查资料以及评价等活动，创设"想一想"、"说一说"、"做一做"、"评一评"、"导航台"、"试验田"、"能源库"、"他山石"、"创新园"等导学栏目，把学生的自主学习、合作学习、探究学习与激励评价有机融合为一体，充分体现课程的活动性、探究性和实践性特点。

编排体例上，包括综合实践活动课程实施要求、综合实践活动课程资源包、综合实践活动课程教师方案设计举例、课程超市。教师在使用时可以根据具体实际和需要以及年段、班级、使用时间等特点，自主选择、自由组合；或者从课程超市中选择适合的单元主题进行自主设计，开展活动。

目标内容上，以科创和环保为主要内容。构建了年级校本课程目标，形成了校本课程目标网络。

在课程形态及形式上，四至六年级的探究性校本课程活动资源包，活页资料库与教材并存。每一专题按专属栏目进行编排。形成了具有学校特色，尊重学生兴趣、爱好特长的探究性学习专题资源库，课程内容供师生选择。

课程实施采用弹性课程制，形成校内外结合，课内外沟通的开放性环境教育活动课程，对学生进行有目的、有计划、比较系统的环境教育。通过课堂教学，向学生传授有关环境的基本知识，激发学生探究环境知识、增强环保意识、改变环保行为的欲望。现已开发出"案例式校本绿色课程"。

组织管理上，创设环境教育综合实践活动课程项目组。项目组组长由课题主研老师承担，项目组全面负责学校的环境教育综合实践活动的管理工作，定期组织全员培训，开展研讨并与德育处和教导处紧密合作，与学校整体安排统筹协调，建立和课程实施有关的各项规章制度，对课程实施过程中的重要环节提出工作任务和质量要求，确保了综合实践活动的常态化开展。

随后，学校依托环境教育综合实践活动资源包，开展了丰富多彩的实践活动。而"项目组"的创设，保证了环境教育实践活动的常态化开展。

在开展环境教育的综合实践活动过程中，老师和学生都在不断的实践中成长。环境教育综合性学习给了学生更多自由选择的空间、更多发现的眼睛和更多展示的机会，正逐步引领学生"体验有着生命深度和理想高度的智性的生活"。

第三节　固化主题活动，构建绿色生态文化

以生命环境教育观和可持续发展的生态教育理念为指导，构建起环境教育三圈课程整合模式与学校、家庭、社区互动模式的绿色生态文化，通过丰富多彩的活动，积极营造环境教育氛围，固化环境教育活动模式，主要包括：

1. **主题班队会**

通过举行以环境教育为主题的班队活动，拓宽学生对环境知识的了解，培养学生的环保意识和态度。

2. **环保专题讲座及竞赛**

学校定期或不定期邀请有关环保专家做专题报告或讲座，同时举行以环境教育为内容的多种形式的竞赛，如开展征集环保广告词活动，举办环保小报、环保小论文比赛，让学生获得更多的环境知识，进一步强化环保意识。

3. **环保体验活动**

学校德育要走出封闭的课堂，因为无论是环保理论还是社会生活都要求学生以具体的道德行为体现党的品质，参与道德生活。学校专门成立了环境教育综合实践活动课题小组。课题小组已开发出"环境教育综合实践主题资源库"，供全体教师、班级共享。每个班级每期组织两次校外实践活动，开展实地参观、调查、访问、环保义务宣传活动。成立班级绿色小队，参加社区护绿、环卫活动。学生在一次次体验中加深了对环境的了解，激发了学生热爱环境的情感，增强了保护环境的责任感。

4. **校园环境教育氛围**

将环境教育的有关理论和思想融入学校的各个层面，学校组织老师写绿色校歌，在校园传唱。组织学生设计绿色校园，设计绿色社区，并把美好愿望付诸实践；辅导学生办环境小报、环境板报，普及环保知识，发出类似号召。举办"我爱你是校园，我爱绿色社区"学生征文大赛，激发学生热爱学校、热爱社区的情感。大力搞好校园文化建设，运用审美化与整体化的观点对校园文化进行了大力改造，使校园环境具有了厚重文化的育人价值。寓传统道德教育为一体的百米艺术长廊、生态园、静心园等多处寓含人文价值的小景点，使校园环境体现出教育性、艺术性和愉悦性，营造出一个生机盎然的校园绿色生态。

第三篇　多元课程优化生命成长的个性之路

　　生态教育的本质在某种程度上讲就是学校要提供并持续建设适合于学生个体发展的教育，也就是让学生和谐发展的教育。和谐发展有着丰富的内涵，它是指合乎人（尤其是学生）身心成长规律的体现时代要求的发展，是协调的、生动活泼的发展，是既结构合理、又富有个性的发展。

　　和谐发展包含五大板块，即品德的和谐发展、知识的和谐发展、能力的和谐发展、身心的和谐发展和观念的和谐发展。对于和谐发展，美国著名心理学家加德纳在他的《心智结构》中提出"多元智能理论"，强调人类的心理能力至少应当包括如下种种智力：语言智能、逻辑—数学智能、空间智能、肌体运动智能、音乐智能、人际智能、内省智能、自然观察智能、存在智能以及道德智能等。

　　我国《国家中长期教育改革和发展规划纲要（2010～2020年）》中明确指出要把育人为本作为教育工作的根本要求，并要求教育要做到学思结合，知行统一，因材施教。尤其是因材施教提出要"关注学生不同特点和个性差异，发展每一个学生的优势潜能"。这与多元智能理论的要求是完全一致的。

第七章

➡特色课程，多元生态

前苏联著名教育家苏霍姆林斯基说过："每一个儿童的思维发展都有其独特的道路，每一个儿童的聪明和才智都各有各的特点。"这就要求我们对待学生不能一概而论，要实施差异教育。差异教育，是指教育工作者立足于学生个性的差异，但又不消极适应学生差异，而谋求创造种种教育环境和条件，采用多样化的教育策略和方法，让每位学生的潜能在原有基础上得到充分发展的教育。照顾差异，发展个性是实施生态教育的基本问题，也符合多元智能理论的基本观点。

然而，现实情况却不容乐观，在升学、高考"指挥棒"的作用下，许多学校难以办出自己的特色，不少老师都把学生当成是学习的工具，当成自己谋求教学业绩的工具。在这个背景下，常常可以看到一些老师的教育行为变异，学生们也就成为标准化、模式化、统一规格的机械零件，而不是一个个有个性、有棱有角、有朝气的儿童。目前中小学的课程更多的是单一学科，在这种情形之下，差异教育的实施举步维艰。于是，多元化的课程文化就必然成为撬动差异教育的杠杆。

第一节 多元生态课程综述

加德纳认为："如果一个人想获得深度的了解，势必要超越单一学科的范围，采取跨领域的研究方式。"因此，为开发学生多元智能，达到"真正理解并学以致用"的目的，在课程内容上多元智能理论强调综合化，而传统课程内容是按学科选择的，"学校课程内容之间缺少有意义的联系，或者脱离学生的实际生活。但是，在多元智能的教学活动中，不同学科的界限开始消失，教师个人或团体在必要时候可以设计跨学科的单元教学。数学、音乐、艺术、动作，以及合作或独立工作都能够整合进各门学科的教学之中"。在具体的实践中，专题作业与核心知识主题课受到重视并被广泛实施，它们围绕某一主题或核心知识，运用多种智能，把各学科相关内容进行整合，使之形成体系，贯通相关学科的知识，进行研究与学习，从而达到开发多元智能与对主题深刻理解的目的。

有了这些认识，玉林附小认定了开发多元化课程文化的路子，以促进学生多元智能的发展，进一步突显学校礼仪教育特色和数学、体育学科建设优势，从而有效实施差异教育。

多元课程并不是个别人就能完成的，它需要上下一心，资源共享，优势互补，团队作战。首先，学校成立了课程领导小组与研究小组，建构了管理、开发网络。目前，玉林附小根据学校管理和课程开发的实际情况，已形成《玉林附小校本课程开发与管理制度》、《玉林附小校本课程开发实施方案》、《玉林附小艺术素质教育实施方案》、《玉林附小校园十大明星评比》等。

开发多元课程，实施差异教育，不仅仅能开发学生多元智能，促进个体和谐发展，还可以有效促进教师专业成长。在此过程中教师提升了课程意识，不再局限于学科的某一个知识点，而是站在课程的高度来建设自己的学科；获得了课程开发能力，迫使教师"下深水"；培养了行动研究能力，在理论与实践的交替中提升自己的研究水平；培养了团队合作精神。在这个摸索前进的过程中，教师的成长成为了新课程倡导的"专业引领，同伴互助，自主成长"的完美诠释。

1. 多元生态课程目标

生态教育要使学生获得多元智能的发展，特别强调学生的"人格健全、主动发展、个性和谐"的教育。因此，学校更加凸显学生个性发展和特长形成的生态课程目标：

（1）每个学生具有健全的人格、良好的习惯。

（2）每个学生会打乒乓球。

（3）每个学生会游泳。

（4）每个学生至少会一样乐器。

（5）每个学生会搞课题研究。

（6）每个学生会操作和用电脑。

（7）每个学生具有科创意识和能力。

（8）每个学生会 250 句常用英语。

（9）每个学生课外阅读量达 250 万字以上。

（10）不让一个学生掉队。

2. 多元生态课程结构

为提升教育的整体功能，整体研究与开发可持续发展的教育课程，构建开放性的多元的生态课程体系，学校建构了四大课程体系。

（1）基础性课程。课程内容即国家课程标准规定的学科。包括语文、数学等十余门学科。实施的方式方法为贯彻课程标准，突出学生学习方式的转变。课程目标是培养学生的基础性学力；不让一个学生掉队。

（2）拓展性课程。课程内容是国家课程标准规定的学科课程的深化

第七章 特色课程，多元生态

与拓展。如语文学科：课外阅读实践活动、书法、阅读写作提高训练、写作特长培养等。实施的方式方法是实行特长生导师跟踪培养制和项目负责制。课程目标是培养学生的多元智能和全面素质，发展学生的兴趣特长。

（3）探究性课程。课程内容是将探究性学习介入到学校教育教学过程中。建构学科探究性学习、探究性学习校本课程、探究性学习实践活动等三个模块。实施的方式方法是以课题研究和典型引路推进探究性学习，建构探究性学习的若干范例和主题资源包，形成探究性学习的课程体系。课程目标是让学生会学，培养可持续发展的学力。

（4）隐性课程。课程内容是除课程标准规定以外的课程，目前学校主要开发了礼仪教育、探究性学习、乒乓球游泳普及、口琴二胡进课堂等。实施的方式方法有校本教材、资源包、实施方案等。课程目标是突显学校多元化课程的拓展性与探究性特点，实施个性化差异教育，形成学校办学特色。

3．**多元生态课程结构特征**

（1）适应性：遵循学生的认知和情感、态度、价值观发展的规律，以培养可持续发展的能力和人文素养为重点，使课程对师生生活具有适应性。

（2）层次性：尊重学生发展的差异性，设置着眼于个体的课程，做到因材施教。

（3）选择性：尊重学生的兴趣和多元智能发展需要，引导学生有效地选择适合自身的课程，实施个性化教育，发展学生个性特长。

4．**多元生态课程评价**

（1）评价原则。坚持非标准化评价的观念，评价要因人而异，促进个性充分发展，不要把学生塑造成千人一面的标准件；坚持人才成长同步化的观念，允许打破常规，超越程序，营造学生个性发展的环境和氛围。

（2）评价内容。主要以多元化的教学目标为依据。在认知领域内，主要评价学生的学习能力，初步的探究能力，特别是创新思维品质；在动作技能领域内，着重评价学生的观察、动手操作等实践能力；在情意领域内，着重评价学生的创新精神、保护环境的意识和行为，以及交流与合作的态度与能力。

（3）评价方法。重视真实的过程性评价，关注学生在学习生活中的真实的情况，实行《学生成长记录评价》；同时，将过程性评价与结果性评价相结合，实行《毕业生鉴定评价》；把定性评价与定量评价相结合，自评与他评相结合。

多元化的生态课程是一项系统工程，学校正一步一步地在摸索中实践差异教育。从学校的实际情况出发，统筹规划，已经开拓出了一系列的多元化课程。以下三节是一些校本课程的简单介绍。

第二节　数学探究性课程

这里，我们还是简单谈谈探究性学习。

1. 对传统小学数学教学的主要弊端的认识

长期以来，教师对教学方式缺乏足够的重视，没有从学生发展的角度去深入研究。学生所能学到的是教科书中以演绎方式直接呈现的现成的知识结论。它遮蔽了人类发现问题、解决问题、形成结论的过程，遮蔽了前人在创造和发展数学过程中的智慧。教师把教学重点放在让学生掌握和记忆并运用这些结论，而忽视了这些结论被发现和认识的过程对于学生的教育价值。

这种偏重于传授式的教学把数学学科的育人价值仅仅局限在接受和掌握现成的知识上，把学生当作是学习这些现成知识的工具，只关注传递数学教科书上呈现的现成知识，实际上是在培养以简单接受、模仿、配合、服从等为主的被动思维方式的人。在这样的课堂教学中，学生内在生命中的主动精神和探索欲望，常常受到压抑，甚至被磨灭。

如果不改变以传授和灌输为主的教学方式，就谈不上学生的素质能主动适应时代发展的需要，以知识为中心、教师为中心的陈旧的观念就仍然具有滋生的土壤。很明显，这与学生多元智能的发展是相悖的。

2. **对小学数学开展探究性学习的认识**

《学会生存》一书指出："教育应该较少地致力于传递和储存知识，而应该更努力寻求获得知识的方法。"

荷兰数学家和数学教育家弗乃登塔尔批评传统的教学是"将数学作为一个现成的产品来教，留给学生唯一的机会就是所谓的应用，其次就是回答问题"，"只是一种模仿的教学"，"沉闷的模仿教学"，"不是有效的教学，而是无价值的教学"。他指出："学习数学最佳的方法是让学生进行知识的再创造，也就是学生本人把要学的数学知识自己去发现或创造出来；教师的任务是引导和帮助学生去进行这种再创造的工作，而不是把现成的知识灌输给学生。"

著名数学家波利亚说："学习任何知识的最佳途径是由学生自己去发现，因为这种发现理解最深，也是最容易掌握其中的内在规律和联系。"

《小学数学课程标准》指出：数学学习应"让学生在观察、操作、猜测、交流、反思等活动中逐步体会数学知识产生形成与发展的过程"，"有效的数学学习活动不能单纯的依赖模仿与记忆，动手实践、自主探索与合作交流是学生学习数学的重要方式"。

由此可见，探究性学习已经成为小学数学教学的主导思想。简而言之，学习数学最佳的方法是让学生进行再创造，也就是由学生本人把要学的数学知识自己去发现或创造出来，这就是一个主动探究的过程。也就是说，探究性学习的价值取向不仅仅指向学生学会数学，更重要的是指向学生会学数学。

探究性学习是对传统的被动接受式学习的一种变革，它是以转变学生的学习方式为出发点。小学数学探究性学习是以学生探究为基本特征的一种教学活动形式，是在教师的引导下由学生独立地完成发现数学知识过程的活动。它以学生自主学习和合作讨论为前提，以学生已有知识经验和生活经验为基础，以现行教材为基本探究内容，遵循学生学习数学的心理规律，创设教学情景，为学生提供充分从事数学活动的机会，让学生通过观察、操作、讨论、交流、猜测、归纳、分析和整理等形式，通过个人、小组、集体等多种活动，让学生去发现知识，去感受和理解数学知识产生和发展的过程，感受和理解数学与实际生活的密切联系，获得知识和技能，培养学生的创新意识和实践能力。

这一活动本质上是人类对数学知识原始发现过程的高度"浓缩"，学习主体通过"重演"和"再现"人类获得数学知识的过程，去"占有"具有独特形态的活动成果。学生在这样的探究学习过程中由此获得一些基本的数学思想方法，在数学广泛的应用中实现向相似情境的迁移，能有效地促进对数学知识的内化，真正促使学生认识的深化和发展。

在小学数学教学中主动介入探究性学习，给学生提供开启知识宝库之门的钥匙，能培养学生针对具体问题解答的"解题术"，从而获得有普遍意义的数学解题思维模式，使学生学会学习和掌握科学方法，为学生终身学习和发展奠定基础。

探究性学习的根本目的和价值不在于让学生获取多么高深的研究成果，也不要求学生重新发现教材中的所有知识，这在教学实践中既没有可能也没有必要。探究性学习的目的在于让学生在探究过程中获得一种积极的学习体验。在学生主动探究的过程中，让学生受到新的学习方法的熏陶，从而改变长期以来习惯的偏重知识接受的学习方式，实现学习方式的有效转变。探究性学习重视学生自主探究与主动实践，对培养学生创新精神和实践能力具有现实意义。

正因为认识到这些，学校组织老师义无反顾地投入到了探究性学习的研究中。建模了探究性学习基本模式：

2006年，玉林附小的研究成果形成专著《小学数学探究性学习的实施》。教师们在此基础上，将研究深深地注入了自己的常规教学，数学组因此有了共同的价值取向，整个团队也在区域内产生了比较大的影响。

后来，学校在研究差异教育中的多元化课程时，数学探究性学习校本课程自然而然地浮出了水面。因为老师们在日常教学中也强烈感受到，仅仅靠在常规课堂四十分钟抓住典型的探究性学习课例培养学生数学素养已不够了，远远不能满足学生的个性发展需求。不开发数学探究性学习校本课程，谈何让学生的多元智能得到发展呢？

数学探究性课程开发方案

一、小学数学探究性学习校本课程开发的指导思想

校本课程是基础教育课程改革的组成部分，搞好校本课程的开发是落实新课程的需要，校本课程的开发与实施，给学校的发展、给教师专业的发展、给学生个性的发展提供了新的舞台。学校坚持以一切为了学生的发展为本，以兴趣性、拓展性为主，发展学生个性为目标，让课程适应和促进学生的发展；根据学校的办学目标，充分利用学校现有的教学特色以及丰富的资源优势，认真做好校本课程的开发与研究，带动学校师资队伍建设与课程开发、管理、评价、教学资源开发等方面的和谐发展。

《数学课程标准》提出"有效的数学学习活动不能单纯地依赖模仿与记忆，动手实践、自主探索与合作交流是学生学习数学的重要方式"。这要求课堂要抓住机会实施开展探究性学习。学校的生态教育思想也提出"构建和谐的课堂生态，让课堂焕发生命活力"。

二、课题研究背景

2006 年 6 月，学校的市级"十五"课题《小学学科探究性学习实施策略的研究》子课题《小学数学探究性学习的实施策略》的研究成果《小学数学探究性学习的实施》一书由四川大学出版社出版发行，这宣告学校的课题研究有了物化成果。在研究过程中，教师们强烈地感受到学生探究性学习能力的强弱已然成为制约探究性学习深入有效开展的瓶颈，而教师指导学生进行探究性学习的能力也参差不齐，这使得探究性学习校本课程的开发成为可能与必然。而校本课程的开发也是学校对前一个课题研究的有意义的延伸。

三、课题研究内容

小学数学探究性学习校本课程的开发以及探究性学习中学生要着重发展提高的数学能力。

四、校本课程开发的目标

1. 总目标：

发挥团队合力，结合课改推进校本课程的开发和拓展课程建设，以课程建设拓展学生乐学的空间，突显学科特色。

2. 学生发展目标：

在知识、品质、能力、个性等方面得到比较和谐、全面、可持续的发展，使学生的发展有更广阔的空间。通过课题研究，提高学生的数学语言表达能力，使用数学思想方法的能力，激发学生的探究兴趣，强化学生的探究意识，提高学生的探究性学习的综合能力（观察、想象、操作等），促成学生合作精神、个性品质的形成，使学生更加会学数学。

3. 教师发展目标：

通过课题研究，促使教师学会学习、学会反思、学会创新，成为实践的研究者，提高在反思中发现问题，解决问题，提高科研能力。特别是指导学生进行探究性学习的能力与课堂调控能力。

五、校本课程开发的原则

1. 人本性原则

人本课程观的核心思想是以尊重人的个性为根本出发点，把促进学生各项基本素质全面发展作为课程设计的中心，以整体、优化的课程结构观为核心内容，在课程选择使用上以人为本，重视学生的学习需求，尤其重视不同层次学生的学习需求，使学生的学习需求得到尊重和满足。

2. 整体性原则

校本课程的开发要从整体上把握课程的目标与结构，校本课程的开发，学科课程应得到充分重视，活动课程应成为校本课程的重要组成部分，开发潜在的课程资源，重视隐藏在课内外和校园文化中潜在的课程因素及对学生发展的作用，使学生有较广泛的兴趣爱好及特长。

3. 发展性原则

校本课程开发的发展性原则是针对校本课程的价值而出台的，课程最大价值在于促进学生成材、教师成长、学校发展、社会发展。学校利用自身资源，构筑有本校特色的适合学生发展的特色课程。

4. 科学性原则

深入系统地学习与课程改革相关的理论，借鉴外来的有益经验，结合本校实际，实事求是，以科学的精神和严谨的态度，解决实验遇到的实际问题和困难，检查调查研究，科学决策，边实验边总结，创造性地开展工作。

六、课程开发理论基础

1. 建构主义理论

2. 多元智能理论

3. 生态教育思想

4. 数学课程标准

七、课程的实施步骤

（一）准备阶段：2007 年 9 月——2007 年 11 月

1．组织教师查阅相关资料，阅读《数学思维与数学方法论》（郑毓信著）、《小学数学探究性学习的实施》等著作。

2．由于数学思想方法非常宽泛而又抽象，所以确定课题研究所要体现的数学思想方法和提高学生哪方面的探究性学习能力就显得很有必要；确定如何分阶段在校本课程中呈现（比如"猜想——验证"低年级能不能用，如果能用在每个年段学生应该达到什么水平）。

3．课题主研人员进行分工，采编课程内容。

（二）实施阶段：2007 年 11 月底——2008 年 5 月

1．确定采编的课程内容：2007 年 11 月

2．组织数学组骨干教师（一年级周婷；二年级周波；三年级刘群方；四年级陈继洪；五年级高屏；六年级彭勇）试讲、研讨，再次确认该课的合理性。每个年级选 1 人，分别在 2007 年 12 月和 2008 年 3 月各上 6 节课，合计 12 节。

3．根据试讲与研讨结果修改相关课程内容：2008 年 4 月

4．部分课程程内容再次修改、完善：2008 年 5 月

（三）总结阶段：2008 年 6 月

1．建立课程档案，整理资料并上缴归口部门。

2．撰写工作总结、研究报告。

预计成果：

1．一本校本课程教材。

2．校本课程教师使用手册（类似于教参）。

3．相关教学课件、教学预案、课堂反思与评析。

八、校本课程实施保障

1．学校对参加校本课程研究的教师在外出学习、教学研究校本教材编写等方面提供物质支持。

2．设立校本课程实施的研究及奖励经费。

3．学校对教师进行必要的课程理论培训。

4．保证实施教师的研究时间，研究空间。

5. 鼓励教师撰写心得体会，包括成功的经验和失败的教训。

6. 在教师考评上充分肯定教师校本课程实施的成果。

7. 组织评选优秀的校本课程，并予以奖励。教师开发出的校本课程的成果记录在教师业务档案。

现在，探究性学习校本课程已有一本完整的校本课程教材，教师使用手册正在完善修订中。自开发探究性学习校本课程以来，学生的个性发展得到充分的发挥，数学学习能力也日渐提升。

第三节　乒乓球课程

乒乓球适合在各年级学生开展，将乒乓球的教学内容引进课堂，加强课堂教学研究，抓好普及，发挥课堂基地作用，进行趣味性、科学性、系统性的教学，不仅有利于传统体育项目的继承和发扬，致力于营造浓厚的乒乓球文化氛围，也可以培养学生的创新能力。学生通过系列化的乒乓球内容学习，掌握实用的运动技能，为学生终身体育服务。

学校生态教育思想的核心是满足学生的需要和重视学生的情感体验，促进学生全面发展，从课程设计到评价始终把学生主动全面发展放在中心位置，特别强调学生主体地位的体现，充分发挥学生的学习积极性和学习潜能，提高学生的体育学习能力。乒乓球校本课程的开展坚持"健康第一"的指导思想，充分注意到学生在身体条件、兴趣爱好和运动技能等方面的个体差异，根据这种差异性确定学习目标和方法，从而保证绝大多数学生能完成学习目标，使每个学生都能体验到学习和成功的乐趣，以满足自我发展的需要。

1. 可行性评估

玉林附小有 36 个教学班，1800 多名学生，学校于 2000 年开始进行乒乓球项目的开展，在省、市、区的各种比赛中多次取得好成绩，学校还被评为"成都市传统项目先进学校"，"乒乓球活动月先进学校"。学校重视乒乓球项目的开展，乒乓球是学生所喜爱的体育运动项目之一，喜欢打乒乓球的学生较多。在师资方面，学校有体育教师6人，另还聘有原专业队员的教练2人，学校乒乓球队常年坚持训练，学校每年定期举行校级乒乓球赛，这些条件为开展乒乓球校本课程打下了坚实的基础。

2．**课程目标**

以课程为载体，学习并掌握乒乓球的基础知识和基本技术，人人会打动作规范的乒乓球，增强学生的体质，形成一定的乒乓技能，培养良好的意志，在生活、学习、活动中有勇于争先的意志和精神。

3．**课程内容**

了解乒乓球的历史发展以及我国乒乓球运动的辉煌成绩，熟悉我国著名乒乓球运动员的优秀事迹。通过每周1节课向学生传授包括握拍、站位和基本姿势、基本步法、发球和接发球技术、推挡、攻球、搓球以及综合技术的运用和有关乒乓球的比赛规则等。

4．**课程的组织与实施**

面向全体学生，抓好普及，编写校本课程《乒乓球》，根据各年级学生的乒乓球技术水平，确定各年级段的教学内容，在各年级开展乒乓球教学。

（1）**教学内容安排循序渐进**

根据学校提出的学生在校六年实现人人会打乒乓球的目标，根据乒乓项目特点和遵循学生的身心特点，制定出了各个年级的学习内容，从简到繁，从易到难，来实现教学目标，完成教学任务。如一年级进行颠球和熟悉球性，二年级学习正手攻球、发球，三年级学习反手推挡和发球，四年级进行左推右攻和发球的学习，五年级进行搓球的学习，六年级进行简单战术和比赛的练习，培养学生对乒乓运动的兴趣，提高学生乒乓技术运动技能，使学生身心素质得到全面发展。

（2）对器材进行改革

乒乓球技术复杂，因为是隔网对抗运动，它对陪练有一定要求，但对于多数无基础的学生，要靠教师和个别乒乓球尖子来陪练不大现实，所以必须采用让学生多接触球的方法提高练习效果，如通过悬吊的乒乓球进行练习，将乒乓球用细线悬挂起来，球离地 76 厘米，让学生进行正手攻球、反手推挡、搓球等练习，学生由于不需陪练就可以通过这种方式多接触球，学习效果得到提高。

（3）在继承的基础上变化和创新

为了促进竞技乒乓球运动教材化，依托乒乓球项目或器材开发出更适合小学生的体育活动形式，教师将球和球拍移出球台，结合学校场地、器材等情况，围绕球和球拍创编了一系列活动型练习和游戏。通过降低难度、简化规则等手段，设计出新的适宜于学生生理、心理特点的教学内容，例如原地自颠球、高低颠球练习，对墙近距离连续击球练习，持拍托球走或跑，两人对颠球练习。这些充满乐趣的游戏能使学生玩得开心、学得快乐，同时也提高了学生熟悉球的能力。

（4）根据学生特点，改变对动作的教学方式

要使学生了解和学习乒乓球的基本技能，就必须将这些专业性的动作要领进行改编，甚至改编成口诀，以帮助学生对动作要领理解和记忆，提高他们对乒乓球活动的浓厚兴趣。如在教学生学习"正手攻球"的过程中，抓住正手攻球的重点，将动作要领改编成"前臂向前向上挥，倾拍一般击球中"，让学生采用边说边练的方法来学习，学生在具体清晰的口诀帮助下，很快投入到了学习正手攻球的活动中。

（5）将乒乓球游戏、比赛渗透课堂

针对学生自我表现的欲望强烈，他们争强好胜，渴望成功，非常喜欢具有游戏性、竞赛性的活动。在乒乓球教学中，合理地选用游戏，采用多种形式的竞赛来组织教学，能激发学生的学习兴趣，提高他们的学习热情和情趣，从而积极主动地参与体育锻炼。例如在低段颠球教学时，采用"托球比稳"的游戏，提高学生颠球兴趣，在学习了基本步法

后，进行滑步运乒乓球的游戏，在中、高段学生中进行升降级的比赛等等，这些充满乐趣的游戏、比赛能使学生玩得开心、学得快乐，同时也提高了学习的有效性。

（6）照顾学生的个体差异

学生的个体差异和基础不同，而每个教师在课中要面对几十个学生的教学，传统的方法是进行一刀切的教学，容易造成学生吃不饱或完不成的弊端，为了提高课堂教学的有效性，在班级教学时采用学习小组的形式，根据学生学习乒乓球技术的基础情况，分成几个学习小组，将校乒乓球队的队员或有一定基础的学生担任小组长并发挥其骨干作用，以起到"以点带面"的示范效应。还经常采用让学生自由组合成 2 人为一个小组，目的是让兴趣一致、关系良好的学生结合在一起，组员之间互相帮助，好的学生在乒乓球技术上对差的学生进行指导，充当小老师，让差的学生学有榜样、学有目标，提高他们的体育学习效果。

（7）对学生学习校本课程的评价

学生的乒乓课程学习成绩的评价是乒乓球校本课程实施中的一个重要环节，评价是否合理、有效，既关系到课程目标的实现问题，也关系到学生乒乓球学习积极性的问题，通过评价便于学生寻找差距，评价实行等级制，设置有关乒乓技术等方面测试项目，并测定达标成绩，对学生进行等级考核，如颠球达到 10 次为一级，正手攻球连续攻球 7 次以上为二级等，学校还制订了"乒乓球小明星"的评选标准，并在每年的6 月校园十佳活动评选中进行"乒乓球小明星"的评选。

随着乒乓球校本课程在学校的开展，学生的乒乓球技能得到了提高，各年级学生系统地学习乒乓球的持拍方法、推挡、正手攻球、脚步移动等基本技术，培养了学生学习乒乓球的浓厚兴趣，锻炼的积极性，现在乒乓球运动在学校深入人心，在学校举行校运动会的开幕式上，很多班级还手持乒乓球拍或乒乓球，在入场时表演乒乓球的动作，充分展示了乒乓球运动的活力，运动会的项目也设置了乒乓球投准和乒乓球拍托物跑比赛。乒乓球校本课程的开展，使全校涌现出了大批乒乓球爱好者，不仅强健了学生的体魄，而且激发学生对乒乓球运动的兴趣，促进学生乒乓球水平的提高。

第四节　游泳课程

游泳课程的开设是为了深入贯彻国家全面推行素质教育的方针政策，积极推进学校体育教学新课程改革，充分发挥游泳运动传统体育项目在培养学生全面素质过程中的作用和优势。普及游泳运动，可以强化学生终身体育锻炼意识，锤炼学生意志品质，增强学生身体素质，提高学生水上求生能力，培养和储备游泳运动技术人才。在遵循学生生理心理成长规律的基础上，学校利用自身有效的教育资源和环境，积极开发了校本游泳课程。

1. **学校的组织与建设**

学校拥有独立的游泳池和专业的游泳教练员，为校本课程打下了坚实的基础。学校始终坚持在推广中普及、普及中突破的发展理念，把游泳运动作为特色教育的重点，列入了学校工作计划，使学生熟悉这项体育运动，掌握一项生存技能。在此基础上，成立校队，参加高层次比赛。

副校长落实推动游泳课程学年度相关工作。每学年度开学前，由教导处组织召开教学小组会议，依据游泳课程推动小组任务，讨论相关游泳课程工作事宜，落实学校游泳正常教学，及结合校际、社区等内外资源积极筹划组织游泳培训活动。

师资保障上，由学校具有游泳教练资格和有教学经验的教师执教。

2. **课程目标**

游泳教学的目的是落实学校实施游泳教育，培养学生游泳技能，提高学生水上求生能力，减少学生水上意外事故，并养成良好的游泳运动习惯，增进学生体魄健康。

全面实施"人人学会游泳"的培养目标，面向全体学生，培养学生的游泳兴趣，激励学生掌握基本的游泳知识。在全面发展的基础上，培养和发展学生的游泳特长。

把游泳融入课堂教学，使内容更加丰富，形式更加多样，使学生掌握一定的游泳技术技能，提高学生的学习兴趣和社会适应能力，满足学生社会生活的需要，使学习资源起到来源于生活，服务于生活的作用。

3. 游泳教学的具体实施方法

游泳教学受场地局限性较大，在冬季的课堂教学中让学生了解游泳的起源、现代游泳的发展、我国游泳运动的发展与成就、游泳的分类、游泳的基本技术、游泳的安全与卫生常识。夏季以实践游泳课为主。让学生人人参加培训，学校依据其游泳技能的掌握程度，分别设立初级班、提高班和高级班三个培训班。

（1）开展十分钟课堂教学

游泳是一项全身运动，不仅能提高心肺功能，起到健身作用，而且还是一项生活技能。为了提高学生对游泳的认识，增加学习兴趣，在课前十分钟让学生了解游泳的动作练习，着重在自由泳、蛙泳、仰泳这三种泳姿上开展教学，加上以各种游戏形式出现，既不让学生感到枯燥，又在潜移默化中提高了学生对游泳的兴趣。

（2）充分利用室内课教学

当遇到下雨天时，就利用这些时间，观看有关游泳比赛实录、了解我国游泳背景、发展和现状、各种泳姿分解图，使学生多方位地来了解游泳运动，根据学生年龄特点，由浅入深、分层教学，也使学生充分认识到作为体育传统项目学校的学生应具备的特色。

（3）加强课外培训

在课外组织游泳培训班及校游泳队。玉林附小建有一个标准的25米游泳池，每年夏季学校针对各年级学生开设普通班的培训，针对高年级的学生开设提高班教学，力求每个学生都能学会游泳，都来喜欢这个水上运动。促进学生全面发展与个性发展的完美结合，也以此实现总体目标。

（4）考核标准

为了提高学生游泳的兴趣，真正使学生了解游泳、学会游泳、掌握游泳、爱上游泳，根据学生的心理和学习规律，教师充分考虑小学生的理解能力，将各标准进行量化，内容进行明细化。

一、二年级学生要掌握蛙泳 25 米；掌握游泳基本辅助器材，如打水板、游泳衣、救生圈等的正确使用方法。三、四年级学生要能以蛙泳游 25 米以上。五、六年级学生要除蛙泳以外能以仰泳游 25 米。

长期带队训练的有经验的教练根据学生各项技能进行综合性评定，按成绩分发游泳合格证书。

（5）组建校代表队

暑假培训时，仔细观察每个学生的水性、柔韧等能力，选准苗子，加入校队进行系统训练。在训练中教师做到有计划、有目标、有梯队，保证时间、保证质量。

4. 课程评价

注重过程评价、综合素质的评价，把评价贯穿于教学活动的每个环节，激发个体，尊重差异，促进最大可能地实现自身价值。

学生的评价主要有以下几个方面：根据学生体能技能实际提高程度，随堂评价；根据课堂任务完成情况，总结性评价；学习态度评定；技能评价，利用考游泳合格证的模式对学生的知识技能、思想品德进行综合评价。

游泳课程的开设充分体现了学校以学生为本的素质教育理念，通过六年的游泳教学，学生们不仅增强了肢体协调能力和适应能力，提高了身体素质，还掌握了基本的自救技能。

第八章

➡个性教学，秀木成林

　　教师教学艺术的魅力往往与教学风格同在，有风格的课堂教学才是美的。教师教学风格的多元化是多元化校本课程实施成败的关键所在。在生态教育思想的引领下，学校构建了教师队伍梯队发展的校本机制，创造适宜教师专业成长的支持性组织环境。学校对传统的校本研训进行了合理的改造，把教研、科研与培训有机结合，从常规教研、专题活动、教学改进等方面着力，力图建构一个"专业引领、同伴互助、自我反思"的研训共同体，培育生态校本研训文化。

　　几年如一日，用"点线面体"织就着生态教研文化。"点"点用心——机制创新。找准起点：清楚认识教研组教师队伍的状况。提供支点：直面学校实际分设年段教研组。突出亮点：立足全面提升设立无缝帮扶队，推陈出新实行导师跟踪制。突出亮点：立足全面提升设立无缝帮扶队，推陈出新实行导师跟踪制。"线"索饱满——纵横有致。以年段组为纵线，落实"3＋1"教研。以年级组为横线，实行教学"三统一"。"面"面玲珑——追求精深。全面参与：持续开展"看课有侧重、研究有主题、反思有深度"的"主题式教研"活动。多面放彩：构建了"看课——对话——反思——提炼"的校本教研模式。体面探究：学校课程文化特色日益彰显。"体"现实际——成果突显。一大批风格的教师脱颖而出，形成教学风格的百花齐放的可喜局面。

纵观学校各科老师的课堂，我们惊喜地发现，老师们正努力地塑造个性化的课堂，使其风格差异，精彩纷呈。有的教师沉稳老练、机制灵活、幽默诙谐；有的教师质朴严谨、精神抖擞、板书漂亮；有的教师生动活泼、妙语连珠、语言优美。有的教师擅长调动学生的积极性，活跃课堂气氛；有的教师课堂驾驭能力强，课堂秩序扎实严谨；有的教师善于激发情感，"以情感人"；有的教师善用肢体语言教学，课堂灵动、欢乐；有的教师语言生动，给人以美的感受。

教师的教学风格差异让学校的课堂在"生态教育"的理念下，焕发着勃勃生机，为多元化校本课程的有力实施提供了技术保障，同时也为学生的终身可持续学习打下良好的基础。下面，以语文老师吴涛华、数学老师周波、音乐老师郑仁清这三位老师的教学风格为例，来对教学风格突出的教师管中窥豹。

第一节　婉约清秀，吟一曲如莲新词

画外音

人如莲，课如诗

情肠朵朵马蹄莲，一瓣花开影独翩。

蕊里卓然如鹤立，世间清雅数心怜。

纤尘不染盈纯洁，素韵长凝拥淑贤。

若是此花先遇我，虔诚相敬共婵娟。

佛说一花一世界。马蹄莲玉立俏凌，清如蕙兰，高雅不俗。吴涛华老师喜欢马蹄莲。闲来无事，她会去花市买上几株点缀自己房间。事务繁杂，她更会闻闻花香，让自己的心沉静。熟悉吴老师的人都说她真有马蹄莲的味道。婷婷静静，淡淡素心。生活透明纯粹，在自己教育随笔上，她很诗意地说道："做花一样的老师。"

好课种种，韵味各异；有的像美酒，芳香四溢，浓烈醉人；有的似水，真水无香，质朴纯真；有的如茶，飘然若雪，醇香入心。吴涛华老师说她喜欢莲花，香在隐约之中，味在有无之间，隽永清新——这便是一种境界，是课的境界，也是人的境界。

听过吴老师的课的人都说，人如莲，课如诗，诗情画意，舒缓恬淡，含蓄优雅。有种"洗开春色无多润，染尽花光不见痕"的唯美境界。

在她的"海滩种花"博客中她这样表达：结识文字、亲近文学、享受文化，诗意栖居在语文，带领学生沿着这样的路线行走，我想改变的不仅仅是一篇篇课文的理解与体验，他们或许可以经由这样的引导得以前行。

英国教育家怀特海说过："教师应是智者，风格是智者的表现……（风格）往往保留着童年的印记。"曾有许多老师追问吴老师课的风格，她说："我不属于任何流派，其实，我也不想为自己贴上何种风格的标签，我就是一位走在路上的追梦人——那是语文教学的诗意之梦，那是一片澄澈碧蓝的教海之梦。"

你坠落在

你爱着的绿洲里

如同婴儿般微笑着入梦

……

那是莲的执着，更是吴老师对教育的热爱，这份执着与热爱让吴老师成为全国优秀班主任，成为首届全国国学教学大赛二等奖获得者。

1. 诗意，在课堂里栖居

诗唯美。课堂如诗。著名特级教师王崧舟这样描述诗意语文。究竟怎样让学生"诗意栖居"在语文课堂中，吴老师力求在她的课堂中以语言文字为语文教学立足点，带着学生置身于语言文字所造的境中，体验其承载的情感、情味和情怀，体验文字所包含的意义、意韵和意趣，开掘文字背后的价值取向和文化传承。她富有诗意的教学语言，总是让学生们的心灵快乐地自由飞翔；她精心创设的诗意课堂氛围，总是让听课的老师学生沉醉其间。

（1）结识文字，涵咏滋味

宋代大学者朱熹说："须是沉潜讽咏，玩味义理，咀嚼滋味，方有所益。"语言，是要品的。课文一字一词都是作者千锤百炼所致。吴老师说，阅读教学不能只重视文本内容而忽视对语言表达形式的领悟。在她的课堂中，你会看到她巧妙地通过多种手段品词、赏句、悟段、谋篇。通过咀嚼字词，还原印象；通过涵咏句子，还原意境；通过想象空白点，丰富画面，使阅读教学散发浓浓的"语文味儿"。

在《饮湖上初情后雨》中，吴老师引导学生对诗歌反复吟诵，抓住"晴方好"、"雨亦奇"、"总相宜"反复品味咀嚼文字，体会语言运用的精炼巧妙。对"晴方好"、"雨亦奇"通过画面展开想象描述，音乐的渲染使得学生披文入境，从而让学生自然而然就"潜心会文本，涵咏滋味长"。

教学《十五从军征》紧扣"泪"字，一咏三叹：落泪是因为"十五从军征，八十始得归"六十五年漫长的等待；落泪是因为"遥看是君家，松柏冢累累"亲人亡故的悲伤；落泪是因为"兔从狗窦入，雉从梁上飞。中庭生旅谷，井上生旅葵"家园破败的凄凉；落泪是因为"羹饭一时熟，不知贻阿谁"的孤苦无依；落泪是因为天下苍生的苦痛。

（2）亲近文学，润泽心灵

课堂，作为学生和老师栖居的主要场所，也应该充满着浓浓的诗意——涌动着诗的灵性，洋溢着诗的浪漫，弥漫着诗的芳香，勃发着诗的激情，流淌着诗的旋律，演绎着诗的精彩。吴老师的课堂语言，精彩宜人，智慧俊秀，美丽而充满诗意。

要让学生情动，教师首先要是一位动情之人，能够走进文本，走进作者，和作者交流；能够挖掘诗词中的情感因素，带着自己的切身感受引领学生走进文本，引起共鸣。教学《十五从军征》这首诗时，反复读诗歌，吴老师找到了最能体现诗歌中人物情感的句子"泪落沾我衣"以此引领学生的学习，学生围绕这个情感线索，在字里行间找到老兵泪落的原因。老师精心设计了每一句导语："六十五年意味着什么？半个多世纪的风雨，整整六十五年哪！在这六十五年里，他会经历些什么呢？""苦苦思盼的亲人却成了冷冰的坟墓，曾经热闹的家园早已是一片荒凉。""失去亲人，家中荒凉，衣食无靠，这接二连三的打击对于一个八十岁的老人，他又能怎样呢？只能是老泪纵横，无声地哭泣呀！"

从这一句句的导语中，能够感到诸多的无奈与无限的凄苦，再加上师者充满激情的演绎，为一堂课奠定了悲凉基调，学生一步步地走入老兵的内心世界。在导语的感染下，学生们在朗读中一起体会了老人充满与亲人团聚的希望，最终希望却落空了。老师告诉学生们："这位衣袖褴褛的老人拄着拐杖，颤颤巍巍，一步一步地走近自家小院，近了，近了，近了，'近看是吾家，松柏冢累累'。"……沉重的语调，将课堂的悲情气氛推向了高潮。学生们饱含凄凉的表情，说明他们的情已经和诗情融为一体了，他们正默默地品味着老人的悲伤，体会着人生的凄凉。

（3）享受文化，提升智慧

《语文课程标准》指出，通过语文学习使学生"提高文化品味和审美情趣"。语文之根就扎在文化这片肥沃的土壤中。离开了文化，语文就成了飘零的浮萍。语文教学就缺少了深厚的内涵。这也是吴老师语文教学一直致力追求的：将语文教学置于一片丰茂的林子，语文课堂才会深邃、开阔而美丽。

古诗教学历来是阅读教学的一大难点，其难有二：由于古诗内容的时空跨度太大，加上学生的阅历背景又太浅，学生很难与诗人心同此情、意同此理；由于古诗的话语风格离学生的现有语感相差甚远，多数古诗教学仅仅满足于诗义的疏通和诗句的积累，至于诗的文化底蕴则往往无暇顾及。因此，古诗教学的模式还相对比较陈旧和保守。

一首诗，是诗人在特定的历史背景下，倾注自己的情感写成的。用以上的这种方法来进行教学，更多的是技巧性地就诗论诗，缺乏对诗作厚重历史背景的深入了解。这样做的结果是，学生在冰冷的文字背后难以真正触摸到诗人那颗火热的心。究其原因，老师没有引领学生站在历史高度，诗词之外的纬度去理解诗的深层内涵。诗词是一种传统文化，文化与历史本身就是水乳交融的。所以，在课堂上老师应当把古诗还原到缔造它的那个特殊的历史中去。

因此，在吴老师的小课题"诗与史相结合"，她这样总结：

在古诗教学中我尝试着让"诗与史相结合"。所谓的"诗史结合"法是指在古诗教学中联系古诗历史背景，引领学生"以史解诗，借诗读史"的一种教学方法。

方法一：以史解诗

执教《秋夜将晓出篱门迎凉有感》这首诗：利用宋史将陆游的《示儿》、《秋夜将晓出篱门迎凉有感》和林升的《题临安邸》以及岳飞的《满江红》这四首诗有机地串联在一起，先让学生从《示儿》中提出疑问"九州为何会不同"？从而了解发生在北宋末年的"靖康之耻"，再通过《秋夜将晓出篱门迎凉有感》引起学生的质疑：南宋的军队为何不来收复失地？南宋的军队为何置黎民百姓于水深火热而不顾？最后在林升的《题临安邸》中找到原因，那是因为他们还在西湖边寻欢作乐！通过这样的串讲，诗歌所呈现出来的历史和历史留给诗人的情感便如水乳一般交融在一起。使学生在积累的同时受到情感的熏陶与感染，情感目标也就顺利达成了。

方法二：借诗读史

在《泊秦淮》教学中，我补充了大量的历史背景资料，如晚唐背景、秦淮河历史、唐明皇和杨贵妃的故事等等。并紧紧抓住一个"寒"字和一个"笑"字，让学生深刻地感受到诗人那深切的忧国忧民的思想。读史，能够帮助学生更好地领悟作者在作品中的情感。

结识文字、亲近文学、享受文化，这节课我带领学生沿着这样的路线行走，我想改变的不仅仅是一首诗的理解与体验，他们或许可以经由这样的引导得以前行。

2. 诗意，在阅读中孕育

向着明亮那方，向着明亮那方，哪怕一片叶子，也要向着日光洒下的方向。……灌木丛中的小草啊！向着明亮那方，向着明亮那方，哪怕烧焦了翅膀，也要飞向灯火闪烁的方向。……夜里的飞虫啊！向着明亮那方，向着明亮那方，哪怕只是分寸的宽敞，也要向着阳光照射的方向。……住在乡村的孩子们啊！……住在城市的孩子们啊！住在地球每一个角落的孩子们啊！

这是日本作家金子美铃的一首诗，清新、优雅、童真。读到它，我们的心灵就会在这诗意语言的浸润中更加优雅、纯真。这就是阅读的力量——引领学生精神成长。这就是阅读的力量——引领学生精神成长。

因为坚信阅读的力量，吴老师坚定不移地进行《小学语文拓展阅读的实践与探索》的课题研究与实施。大量阅读，将语文教学置入一片丰茂的林子。

（1）单元主题的拓展教学

从 2006 年吴老师开始这个课题的研究与探索，但因为缺乏完整、系统的探究和实验，有时还忽略了学生情感的生成性和发展性需要，而零打碎敲的个案开发，常常只成为了课堂的点缀，拓展的内容没有序列、没有主次，为此拓展往往是无效的。在思考中前进，为了解决这样的问题，吴老师开始在平时的教学中认真钻研教材，根据每个单元的主题找到拓展点，进行有序的拓展。她希望以主题拓展教学通过开放教材、开放课堂，优化学习环境，充实学习资源，构建适合学生多元发展的教学评价机制，来激发学生兴趣，张扬学生个性，把学生的语文学习变为立体开放的综合性语文学习方式，提升学生的人文素养。

筛选拓展主题不仅要满足学生的兴趣爱好和发展需求，而且要与学生学习的内部条件相一致，符合学生身心发展的特点。"同是人，类不齐"，不同素质背景的学生，由于他们具备的人生经验、感知视角、思维方式、言语储备、情感类型、文化修养不同，所以主题拓展要有层次性和差异性。她总结出以下方法：

①"菜单式"筛选。针对同一文本，老师确立所要拓展的主题，并通过小题单、板报和公开展示等方式向学生介绍自己的实施构想，供学生自由选择。如《地名》教学之后，教师根据事先的学生拓展意向取样调查，结合可资利用的教育资源，分别从调查报告、城市别称、地理环境、古诗中的地名等领域确立拓展主题，吸引不同兴趣的学生参与研究。

②"讨论式"筛选。学生可以根据单元主题自主提出内容进行讨

论，通过对这些拓展主题的有效性和存在价值的讨论，经历思维碰撞和言语习得的过程，也同时筛选出具有可行性的、富有价值的拓展内容。如《桥》教学之前，老师布置学生对整个单元进行预习，并在预习的过程中提出自己最想要了解的拓展内容。有同学提出了解有关桥的历史，有同学提出了解桥的构造，有同学提出了解桥梁专家，还有的同学提出要了解世界上的无形的"桥"。

③"申报式"筛选。学生根据某一文本或内容，确立自己喜欢的拓展主题，有共同意向的 4—7 人组成拓展学习小组，向教师提出申请，教师听取该小组的主题选择说明，综合考虑课题实施的具体条件，最后作出评估，或提出补充意见，或指出淘汰理由。

（2）深化文本的拓展教学

文本学习往往不是直线式的、"一次性"的，我们可以从案例文本提供的信息去推衍、生成文本附加的、背景的、深层的、隐含的其他信息或类属信息，从而寻求更深入地理解、体验和感悟，尽可能获取认知的深化和情感的升华。

吴老师提炼出深化文本教学的基本流程为：形成文本学习——广泛探求寻证——回归深化文本。如学习《月光曲》，吴老师组织大家搜集阅读贝多芬更多的故事，听他的创作等，还找来一些介绍贝多芬生平的书。最后学生把自己喜欢的内容"粘贴"到教材上，他们对贝多芬的认识由浅入深，由感性到理性，真正体会到了后人对这一伟人深深的敬佩怀念之情。

执教《中华民族的最强音》，吴老师发现课文离学生的生活太远，或缺乏相关的历史知识，虽然文章条理清晰，形象鲜明，尤其是写国歌的创作背景和国歌带给大家震撼。但对历史知识的介绍就常常让老师觉得很费劲。她留心与《品德与社会》学科结合，将《品德与社会》课中的相关知识点顺移，荟萃《风云儿女》、《香烟盒上的创作》等文本的阅读，感受国歌给学生的力量就水到渠成。

（3）引领精神的拓展教学

作为语文教师，不单单是传授知识，更重要的是在课堂上引领学生精神的成长。时刻关注学生的行为，点亮学生的心灯，引导学生向着明亮那方。阅读可以改变一个人的行为，阅读可以促进学生的成长。为了调节好朋友之间的矛盾，吴老师带领学生们阅读《变成小虫子，也要在一起》；为了增加班级的凝聚力，阅读《石头汤》；为了学会对自己有信心，阅读《我就是喜欢我》；为了体会父爱的伟大，阅读《你看起来好像很好吃》……

在学生们的学习生活中难免会遇到这样或那样的问题，我们常常会很气恼，甚至有时感觉说服教育是那样的苍白，怎么办呢？吴老师给了我们一个好的方向：阅读吧！根据学生们的生活进行引领学生精神成长的拓展阅读，让学生在文字中去沉淀心灵，让学生在文字滋润心灵。相信阅读的力量！让阅读引领学生们向着明亮那方。

3. 吴涛华教育教学名言

·我要做一个像花儿一样的老师，芬芳学生，美丽自己。

·别为了分数，让同学们流失了快乐。

·语文老师的责任就是用自己的智慧和才情保护"诗"的存在，使她免于被拆解。

·我的心灵必须是美的，课堂语言必须是美的，因为她们会潜移默化成为学生精神的一部分。

·课堂的主体是学生，我的课是上给学生听，我不为听课老师上课！

·语文老师的课堂，要让学生身心被浸润，心灵被陶冶，激情被点燃。

·语文知识浩如烟海，语文老师唯有视野开阔，知识面广才能敏锐捕捉与文字相关的信息，把它们整合到课程资源中去，让动态生成的课堂多一份精彩。

·一直就喜欢在其乐融融的环境中和学生一起徜徉在学习中，觉得这样的环境才能让学生的情感得到释放，亲切的话语，平等的地位，对学生独特体验的尊重……让人感受到学习是件快乐的事。

·宁静以致远。"静"下来，不仅作为一种语文学习的良好状态，更应是一种弥足珍贵的语文学习习惯。安静的课堂，思维的花儿方能蓬勃开放。

经典课例

纪念，是一片情怀，是一种文化
——北师大版四年级下第七单元《纪念日》教学案例

"纪念日"是一个综合学习单元。教参上提出学生应该了解诸如纪念日、纪念碑、纪念馆等等之类的纪念形式，应该牢记中外许许多多的节日和名人的诞辰。可我觉得，我们最应该了解与掌握的应该是那些伟大的历史人物、事件与传统节日以及和他们密切相关的诗词。

怎样让这样内容的语文课堂不成为死记硬背要点、泛泛而谈的课堂呢？思量再三，我选择了情感线——纪念，应当是一片情怀，应当是一种文化。于是，我设计出从诗词入手，串联纪念日，带领学生徜徉于"纪念"主题的古诗文中。

一、缅怀亲人——哀思如潮

有些事情，有些日子，我们永远不会忘记，因此有了——（学生齐读课题）纪念日。有些事，有些人不思量，自难忘。所以，当苏轼在自己妻子逝世十年的祭日之时，写下这首生者缅怀死者的诗篇，情深意切、字字传情的《江城子》——"十年生死两茫茫。不思量，自难忘。千里孤坟，无处话凄凉。纵使相逢应不识，尘满面，鬓如霜。夜来幽梦忽还乡。小轩窗，正梳妆。相顾无言，唯有泪千行。料得年年肠断处，明月夜，短松冈。"

第一次接触这首词，孩子们先是自由阅读，我把"鬓"和"轩"字的读音写在黑板上，这样可以帮助孩子们扫清字音的障碍。接着是孩子们小声齐读从文字中去感受苏轼对亡妻的思念之情，接着是我的简单讲解。千里孤坟的凄凉、相顾无言的热泪，哀思如潮，苏轼对亡妻的念念不忘感染了我们。通过反复诵读，我们把苏轼那"不思量，自难忘"、"泪千行、肠断处"的"思今之苦"与"凄清之苦"铭记于心。

二、追忆故国——不堪回首

苏轼对家人的难以忘怀让我们为真情所感动，那李煜——这位南唐后主回首家国时又是怎样呢？我们读《虞美人》——"春花秋月何时了，往事知多少。小楼昨夜又东风，故国不堪回首月明中。雕栏玉砌应犹在，只是朱颜改。问君能有几多愁，恰似一江春水向东流。"

这首词，我们在上学期的"明月"主题学习中曾初步涉猎过，但那时浅浅地尝了口而已。今天，我们再次学习，进行进一步的学习。

因为喜欢李煜，所以我的话就多了起来："这也是回忆，是回首，却——不堪回首（我写下这个词语，同学们在他们的学习单上勾出这个词语）。烙在李煜心中的亡国痛，痛彻心扉，痛不欲生！不得不说'国家不幸，诗人幸'，李煜做不了好皇帝，却做了一个好诗人。这首词写于李煜归宋后第三年，正是这首词为他招来了杀身之祸。词中不加掩饰的故国之思是哪一句——（学生齐读：雕栏玉砌应犹在，只是朱颜改。）又有写他的这种愁思的绵长的这一句——（学生齐读：问君能有几多愁，恰似一江春水向东流。）终于触到了宋太宗赵光义的忍耐底线，这首词成了后主的绝命词。"

我看到同学们眼中的专注，我讲这些故事的时候，他们都会这般虔诚聆听。教室里很安静。我继续讲："赵光义从这首词中读出了李煜对国恨恨不止！于是派人在七夕那天，李煜生日那天，送去了一壶牵机毒酒，就此终结了后主李煜的故国梦。这样温雅如玉的谦谦君子就这样带着国破家亡之恨、故国山河之思而亡。这样的历史不堪回首，让我们把哀思寄托在他的这首词中吧！让我们轻轻地、轻轻地读。"

孩子们再次吟诵，体味李煜那"不堪回首"的亡国之痛和恰似"春水向东流"的绵绵哀怨。

三、传统节日——别样情怀

1. 元宵节——灯火阑珊

行走在生态教育的路上 ▼

当然，我们的回忆不全是这般的凄凄惨惨戚戚，在我们的记忆中还有许许多多的美好。比如蓦然回首时，那灯火阑珊处的人。让我们的思绪随着这首词穿越时空，去到宋朝和辛弃疾共度元宵佳节。

我们一起读辛弃疾的《青玉案·元夕》。这首词，在元宵节的诗歌之旅中我们已经领略了它的美好。"花千树，香满路"这些都是去年元夜时。今非昔比呀！我补充了欧阳修的《生查子·元夕》——"去年元夜时，花市灯如昼。月上柳梢头，人约黄昏后。今年元夜时，月与灯依旧。不见去年人，泪湿春衫袖。"曾经的美好历历在目，刻骨铭心。让我们再读记住这份美好！

2. 清明节——行人断魂

我们的回忆穿过文字，从热闹的元宵节走出，随着时间的推移来到清明，你想到了那首诗？杜牧那首《清明》回荡在教室里——"清明时节雨纷纷，路上行人欲断魂。借问酒家何处有，牧童遥指杏花村。"

孩子们再次感受那应时的"雨纷纷"和前行祭祖的行人们"欲断魂"的悼今情怀。

3. 端午节——上下求索

农历的五月初五，是我们传统的端午节。这个节日是为了纪念谁呢？

"屈原。"孩子们异口同声地答道。端午节，学生自然想到屈原。

"那你知道屈原的哪些名句？"我想上周我们的国学经典诵读时，读到过屈原的名句。我想考考孩子们是否还记得。一只只小手举了起来。"路漫漫其修远兮，吾将上下而求索。""举世皆浊我独清，众人皆醉我独醒。"……在学生交流的基础上，学生诵读《国学经典资料汇编》中屈原的名句，一起感受他的"忧国忧民"的伟大情怀，也将"端午节"与"屈原"这个伟大的名字牢牢地联系在一起。

4. 七夕节——佳期如梦

佳期如梦的七夕节，是中国的情人节。"河汉清且浅，相去复几许？盈盈一水间，脉脉不得语。"《古诗十九首》的《迢迢牵牛星》是我们在第四单元拓展时已经学过的。牛郎和织女每年只有一次相见的机会。宋代秦观的《鹊桥仙》脍炙人口——"纤云弄巧，飞星传恨，银汉迢迢暗度。金风玉露一相逢，便胜却人间无数。柔情似水，佳期如梦，忍顾鹊桥归路。两情若是久长时，又岂在朝朝暮暮！""两情若是久长时，又岂在朝朝暮暮！"这是作者对牛郎和织女的安慰吧！

5．中秋节——千里共婵娟

中秋节，那些和明月有关的诗歌，我们已经很熟悉了，信手拈来的是苏轼的《水调歌头·明月几时有》——"明月几时有？把酒问青天。不知天上宫阙，今夕是何年。我欲乘风归去，又恐琼楼玉宇，高处不胜寒。起舞弄清影，何似在人间！转朱阁，低绮户，照无眠。不应有恨，何事长向别时圆？人有悲欢离合，月有阴晴圆缺，此事古难全。但愿人长久，千里共婵娟。"

6．重阳节——佳节倍思亲

因为去年的重阳节我们班进行了"还来就菊花"的重阳节诗词之旅。因此，一提到重阳节，同学们随口吟诵了王维的《九月九日忆山东兄弟》、毛泽东的《采桑子·重阳》、李清照的《醉花阴》（课前，我生怕孩子们已经忘记了内容，还特地将这两首词的内容板书在黑板上）可是，我低估了孩子们的记忆力，他们竟然能完整地、熟练地背出这两首词——"人生易老天难老，岁岁重阳，今又重阳，战地黄花分外香。一年一度秋风劲，不似春光，胜似春光，寥廓江天万里霜。"

"薄雾浓云愁永昼，瑞脑消金兽。佳节又重阳，玉枕纱厨，半夜凉初透。东篱把酒黄昏后，有暗香盈袖。莫道不消魂，帘卷西风，人比黄花瘦。"

……

纪念，表面上是一种形式，实际上更是一种文化，表达的是一片情怀。而中国古典诗词，正是我们传情达意的最佳方式。所以，与其让学生记住那些呆板的纪念日，不如让学生在优美的语言文字中，接受文化的浸润和情感的熏陶。

第二节 睿智灵动，铺一条智慧之路

画外音

幽默风趣的教学语言，睿智缜密的教学思辨，以生为本的教学设计，构成了周波老师的个人教学风格。

在周老师每天平实的教学中，处处演绎着他鲜明的教学风格，常常听见同学们会心的笑声，处处体现学生为本的理念，时时看到同学留恋数学的身影。在教学中周老师坚持学生为本，以学定"助"，树立课堂实施中的助学观，不仅以学定教，更注重以学定助，持续而深入地开展《助学式生本课堂教学改革》研究，让学生获得更多的机会，让学生获得更大的发展。

"我们老师教孩子一节课，就要去力求改变他的一生。把握每一个机会去传递老师对学生的爱。树立对学生最高的褒奖就是给他一个机会；给学生最好的评价就是让他相信自己；只要给学生一个机会，相信他就会还你一个惊喜！如果我们的教育都在这个理念下行走，我们的教育之路肯定会越走越宽，我们课堂中的学习者会越来越多。"

这是周波老师在给来自四川省一百多所学校的优秀青年骨干教师上示范课后，议课时讲的一段让人倍感温暖的一句话。从这席话中我们不难看出他是一位睿智且充满爱心的老师。遇见他，是学生们的幸福。因为在他的课堂上，学生们得到的不仅仅是数学知识……

1. "生活味"与"数学味"水乳交融

在三年级一节实践活动课《搭配中的学问》上，周老师刻意要渗透：有序的数学思想和符号化思想。通过多种实践活动，使学生学会按一定的顺序搭配的方法，激发学生学习数学的兴趣，培养学生有序思考的能力和用数学方法解决实际问题的能力；在以后的学习和生活中能迁移使用这种方法。

周老师针对学生好奇心强的特点，用熟悉的乒乓球运动项目来吸引他们的眼球，抓牢他们的注意力；利用他们的好动性，设计摆一摆、连一连、读一读来满足他们的活动需求，让他们在活动中体验、感悟搭配的方法和技巧，从而推进课堂向预设的终点前行；利用他们积极好学、求知欲强的特点，运用同学示范、老师评价引导他们迈向数学的高级台阶——数学思维、数学思考；利用他们好胜心强、非要争个你强我弱的特点，把课堂中的核心问题抛给学生，让他们自然成为学习的主人。

在周老师的数学课中，学生的交流可以说是精彩纷呈，教师不断赞赏学生富有个性的理解和表达，双方共识、共享、共进，形成了真正的"学习共同体"，生动而深刻地体现了周老师的教学追求：

（1）教师营造和谐愉悦的学习氛围

课堂应该是安全的，放松的，学生能够畅所欲言，开诚布公；课堂应是愉悦的，而愉悦的课堂是要靠教师用心去经营才能建立的。

（2）学生展现原始生态的学习过程

展现学生学习过程的磕磕碰碰，对对错错，对抗包容，赞成反对，这节课中力求展现以下学习过程：无序——有序，模糊——清晰，烦琐——简洁，形象——抽象，不会——会的过程。

（3）师生享受成功快乐的学习乐趣

学生层面的乐趣：兴趣是学习最好的老师，而学会、学懂是最大的兴趣，要让学生有成功感，有成就感。

教师层面的乐趣：从学生的心智、高度来经历学会的过程，感受多样，享受生成，品位精彩，这就是课堂的快乐，教师从教的快乐！

周老师的数学课生动而艺术地体现了新课程的理念——让学生学有价值的数学，学生活中的数学，同时为学生提供了大量的观察、猜测、思考、操作、验证、自主探索和合作交流的机会，使枯燥呆板的数学教学变得既有趣又有用。周波老师对数学教学的大胆创新，与他的深层思考分不开。他始终在想：数学远离生活，无疑是导致学生对数学没有兴趣的根本原因，它使本该生动活泼的学习变得死气沉沉。新课程倡导教学要回归学生的生活世界，反映在数学教学中就是数学课堂应尽可能和学生的生活接近，取材于学生们的生活，追求"数学生活化，生活数学化"。

2."精心预设"促进了"精彩生成"

精彩课堂源自教师课前的"精心预设"，没有课前的运筹帷幄，就不会有课堂中的游刃有余：没有课堂的刻意思考，就不会有课堂中的随意生成。这是周老师在承接"成都市小学数学骨干教师培训班"的一节公开课，也是他潜心研究的《助学式生本课堂研究》课题汇报课，在学生精彩生成的背后我们可以感知到周老师对课堂的精心预设和睿智思考。

经典课例

助学式生态课堂——《四边形内角和》教学

师：孩子们，就你们研究的四边形的分法谈谈看法：

生1：我的办法

①从顶点分成三角形（图1）或从图形中一点分成三角形（图2）

$180 \times 2 = 360$ $180 \times 4 - 360 = 360$

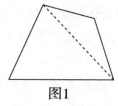 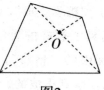

图1   图2

生2：我通过"折"的验证方法发现并不是所有的图形都适用，

生3：我对刚才同学的发言有自己看法，我认为可行的折法是……
……

课堂小手如林，精彩纷呈。这无论是对这节课的知识还是对其他学生学习方式的引导都起到了很好的示范引领作用，所以也就有了课堂中不断的精彩碰撞和真实质疑，科学辨别、理性筛选的片段，学生在这之中不一定学会了多少具体知识，但是他们这种质疑精神、思考习惯却是他以后学习的一笔巨大财富。

这源于周波老师把课堂学习的重点定位在了知识之外的学习态度上，即学生能独立、投入、高质量的思考并完成前置性作业。把学习难点定位于具体知识，即要探索出四边形转化成三角形内角和的验证方法；要推导出多边形内角和的计算方法。这主要是老师基于以下方面的考量：本身这节知识不太难，学生完成质量的高低取决于学生的思维投入度，课堂参与度，而要让学生有话可讲、有话要讲，就必须从根本上激发学生的思维潜力，激活学生的思维神经。如果做到了，课堂就会变成学生的课堂，所以学习的重点关键在于端正学生的学习态度，体现在高质量完成前置性作业。

而从课堂实际来看，由于学生在前期投入了真实有效的学习，所以课堂上学生对课堂有很强的控制欲，学生的确想表达，想展示，学生的参与热情高涨；参与长度（长）、广度（宽）、深度（高）都达到了比较理想的效果。学生从拿到前置性作业一直到交流展示学生经过了长时间的参与和付出，在这个充裕的时间段中学生调动一切资源（家长、老师、网络、资料）进行了广泛的学习、接触，课堂教学高效生动。因为"精心预设"促进了"精彩生成"。制造强烈的课堂气氛，极大地调动了学生参与热情，起到了极好的教学效果。正因为有了教师精妙的"预设"，课堂生成了无限的"精彩"。"预设内生成"是充分的、丰富的，学生认识是深刻的，水到渠成的。"预设外生成"教师敏锐地捕捉到了，使课堂大放光彩。

3. **为学生发展而教**

数学教学究竟为了什么，"为学生发展而教"是大家的共识。既着眼当前，更着眼学生的未来；既注重知识，又注重能力，还应关注情感、态度、价值观；既注重学习方法，还要激发学习兴趣，培养学习能力。

在执教《三角形内角和》这个课例中，周老师秉承"助学式生本教育理念"，把课堂完全还给学生，把课堂当成学生表现的舞台，给学生树立了一定会完胜的探究信心，不仅会大大激发学生的学习兴趣，而且大大激发学生的创造潜能，老师舍得、敢于放手，老师变身为学生的"助手"，充分相信学生，学生创造了一个又一个的惊喜。

周老师以生为本设计教学、抛出问题、挑起冲突，"逼"着学生去找寻"证明三角形内角和等于180°"的方法。学生在充裕的时间中交流、操作、分享、启发，学生小组内深入、真实地研究、讨论、争辩、解释，时间过去了1分，2分……渐渐地一只只小手挥动着，一张张小嘴嘟哝着，折、撕、画、量、推、讲……一个个闪光的智慧，一个个活跃的身影，一幕幕激烈的碰撞，自由发言，相互交流、共同分享，擦出了多少精彩的智慧的火花！学生不仅对证明三角形内角和的几种方法有了真实的操作、深刻的体会，而且对这节课以外的"四边形内角和、直角三角形如何拼成长方形"等都有了十分深入的研究。

周老师特别善于给予学生表达的机会，特别擅长搭建展示的舞台，特别关注保持学生高昂的斗志，引导学生把自己带入学习佳境，把课堂的话语权交到了学生手中，让学生演绎课堂精彩；周老师相信只要给予学生一缕阳光，他们就会带来课堂春天。周老师极其注重培养、赏识学生提出问题，确定学习目标的能力培养。并着力让学生整节课上亲身经历着"数学好玩"，激发引导着学生长久地保留着对数学学习的情感，感受着"数学不是生硬的"，"数学不是刻板的"，"我们是能够把数学学好的"。

4. 周波教育教学名言

·让学生在数学课堂快乐徜徉。

·用数学魅力吸引学生是学生持续学习兴趣和学习动力的源泉。在数学课堂中火热的学习，让冰冷的数学因为学生的加入而热力袭人，让枯燥的数学因为学生的参与而五彩斑斓，让抽象的数学因为学生的探索而妙趣横生，让单调的数学因为学生的徜徉而形象丰满。

·学生与数学家一样，要亲自投入，通过实际经验来获得知识，需要通过实际操作演算，或是头脑中的操作——思想实验。数学是经验性或拟经验性活动。

·课堂评价语言有时像泛起学生心田涟漪的微风，有时像掀起学生头脑风暴的狂风。课堂评价语言有时像和谐师生关系的润滑剂，有时像催生学生思维的兴奋剂。课堂评价语言有时是调整课堂秩序的杠杆，有时是照亮学生黑暗的明灯。课堂评价语言有时是点燃学生激情的火种，有时是燃烧课堂的火。

课堂课例

搭配中的学问

教学内容：三年级上册第三单元实践活动

教材分析：《搭配中的学问》是三年级上册第三单元最后一个课时的内容，是一节实践活动课。本节课通过多种实践活动，使学生学会按一定的顺序搭配的方法，激发学生学习数学的兴趣，培养学生有序思考的能力和用数学方法解决实际问题的能力，渗透有序的数学思想和符号化思想。

学生分析：三年级的学生思维比较活跃、求知欲强，能够主动参与到学习活动中来。他们对搭配中的知识已经具有一定的感性经验，但缺乏有序思考的意识和有序表达的能力。

教学目标：

1. 经历探索解决问题的过程，训练有序思考、全面思考问题的能力。

2. 通过学生亲自摆一摆、说一说、记一记、算一算等环节让其掌握有序搭配方法，培养用数学符号记录的技巧，体验数学中的简化思想。

行走在生态教育的路上

教学准备：课件、小纸片（5张）、草稿纸、水彩笔，统计班级中的男女人数。

教学过程：

一、情景导入，体验有序

师：同学们在刚刚过去的北京奥运会中你最喜欢哪项运动？

生：篮球、乒乓球、羽毛球……

师：老师也喜欢乒乓球，不仅因为它是我们的国球而且它还是我们玉林附小的传统体育项目，为了我们拥有一个共同的爱好，我们握握手。（师无序地握3—4人的手）

师：刚才我和几位同学握了手呀？

生：3、4、5

师：请和我握过手的同学起立！（4位）

请问你把谁算漏了、算少了？（板：遗漏）

那大家猜猜说"5位"的同学犯了什么毛病？（板：重复）

师：谁能帮我想个握手的好办法，让大家观察时"不遗漏、不重复"呀？（板：不、不）

生：站立的办法，（师：不错的方法，还有其他方法吗？）

一个一个的握。（师：演示有序的握手，板书：有顺序）

过渡：有序的办法真好！今天我们就用有序的办法来探索搭配中的知识（板课题：搭配中的学问）

二、开展活动，生成新知

1. 师：大家都喜欢乒乓球，那大家知道乒乓球又分成哪些小项呢？

生：男单、男双、女单、女双、还有混双。

师：谁愿意上来当回国家队教练，给大家排出一对混双选手？

生：操作图片来配混双。

师：你真是合格的主教练！像这样把一名男生和一名女生配成一对混双就是在把男生和女生进行"搭配"，谁还愿意来当回主教练搭配一对混双？

（生说师摆图片。）

师：不错！又一组混双搭配成功！可是这里共有2名男队员、3名女队员，他们共有多少种不同的混双搭配呢？

（生大胆地猜：3、4、5、6……）

师：你同意哪种观点呢？怎么才能让其他人同意你的观点，说服他们呢？（验证！）

师：那你用什么办法来验证呢？（生静思后回答——可以摆、可以连、可以画）

师评：好主意、有创意。

（课件出示：摆一摆、连一连、画一画、写一写、读一读）

2. 生自行活动，师深入指导。

3. 展示：

（1）解决有序搭配

师：孩子们你们找到说服其他人的办法了吗？那谁来试试？（真是勇敢的孩子）

生1：我是采用摆一摆的方法，

先用王浩分别去和3位女生搭配有3种方法，

再用马林分别和3位女生搭配也有3种方法，

共就有6种。

师：说得怎么样？

生评：可以，只是好像有些地方不明白。

师：那把你更明白的说法给大家说说！

生2：先用……

师：大家听了这两个人的说法你认为哪个更明白？

生1：第2个，原因是说得很有序！

生2：说得很有顺序，不乱！

师：是呀，孩子们，要说服一个人是不容易的，不仅要自己明白，还要有序表达，才能让别人听得明白，心服口服！看来"有序"是多么的重要；这位同学你现在认为谁说得清楚？——他！只是哪里比你做得好点呢？——说得有顺序！那老师再给你一个机会有序地说一遍，行吗？（生说……）

师：真是一位一学就懂的孩子，祝贺你成功了！（同学们掌声请下这位勇敢的孩子）

生2：我是采用连一连的方法，

先用王浩去连3位女生有3种搭配，

再用马林去连3位女生也有3种搭配，

共就有6种搭配。

师：请你亲自连一连！这种方法怎么样？

生评：很简洁、很直观、很明白、很清晰……

师：多简便的方法，多准确的评价！多好的连线，多美的图形，同学们能把这幅图读一读吗？

生自由读图。

师：谁来读读？

生：王浩和……

马林和……

师：他读得有顺序吗？

生：有，先用王浩再用马林。

师：刚才我发现你们都是先用男生去配女生得到6种方法，那你们还有不同的方法吗？

生：（用图片连线讲讲）

先用郭跃分别去和2位男生搭配有2种方法，

再用王楠分别去和2位男生搭配有2种方法，

再用张怡宁分别去和2位男生搭配有2种方法，

共就有6种。

师：你们听明白了吗？（明白）说明他也注意了——有顺序！

师：那这两种方法有什么不同之处？又有什么相同之处呢？

生：不同点：一个从男生开始去搭配，一个从女生开始去搭配。（分别在男生和女生下面打上点）

相同点：结果一样！并且都要先确定一种人，再分别和另一种人搭配！

师：既然两种方法都一样，那这两种方法的连线我们就合在一起吧！（图2变1分别打上点，指图说让生从上向下连是表示从谁去搭配，从下向上连是表示从谁去搭配？）

师：看来我们以后也可以采取这种连线的方法来解决搭配中的问题了。

（2）科学记录

过渡：还有不同的方法吗？我看这位同学是用本子把6种方法记录下来的，展示2—3种，不错，不错！

哎，这位同学的记录我怎么看不懂啦？谁看懂了？（和同桌说说什么意思呀？）

师：谁来帮帮我呀？

生：1就表示男生1，2就表示男生2，……

师：你为什么不就写上王浩\马林这些人的姓名来连线呢？

生：这样简便，快些！

师：你们听了有什么想说的？

生1：赞成，很好，很简便！

师：有不同意见吗？

生：都是1、2、3、4、5看不出来是男生还是女生？

师：真诚实！学习就是要把自己的想法说出来。那谁能想一个既用上这种简便的方式又能区分出男、女的办法？

生：写上字！（不错，很明白）

用不同的数字（什么意思？）就是画上图，或打上圈（师：贴图）

用字母（师：贴图）

用图形（师：取图片，生画图片）

师：如果让你记录刚才的 6 种方法你会采取哪种方式？（用数字、用字母、用图形……）那你几分钟能记录完毕呢？（2 分钟、1 分钟……）1 分钟你就能办到？好！我就给你一分钟！开始！

师：真快！记录完呐，看看！用的数字，一样方法的举手。用的字母，一样方法的举手！

师：你没有记录完，我们看看行吗？（展示作品）谁来分析一下他为什么没记录完毕呀！

生：用的文字，比较麻烦！

师：这位同学的文字记录再次让我们感受到了用数字、字母来表示事物的快捷和优越，我们谢谢他给我们这种感受，同时还要谢谢我们学习的字母和数字，原来它们可以让我们的数学变得这么的简单，这种用数字和字母表示的方法是谁给我们创造的呀？那我们用热烈的掌声感谢他！

三、运用练习，明白算法

师：运动员训练很辛苦，体力消耗很大，所以需要科学搭配他们的食物，这是他们的早餐品种。（课件）你都知道了哪些品种？请默读要求，各选一种是什么意思？

生：每个选一种。

师：其实就是在把饮料和点心进行搭配，那共用多少种呢？大家去连一连吧！

师：用坐正的方式告诉我——我做完了！

生：我有 8 种，牛奶有 4 种……（课件演示：4、4）

师：我刚才听人可以算出来，怎么想的？

2×4　4×2（课件出示）什么意思呀？

生：2 个 4。（在哪里？）

师：有人说 4 个 2，在哪里有 4 个 2 呢？（课件）

真了不起！从我们有序的连线中你们居然还找到搭配种数的计算方法？

四、情感升华，感受成功

师：运动员们经过刻苦训练，奋力拼搏，在赛场上取得了好成绩会用什么动作来庆祝？（生：拥抱、握手）（课件）你们觉得今天是胜利者吗？（是）为什么？（生说收获……）

师：现在请这组同学起立，如果这组的每名男同学都要和每名女同学握手1次庆贺今天的胜利，共要握多少次？

生1：7×7＝49

生2：不对，5×9＝45（旁板）因为……

师：你们是名副其实的胜利者，老师因你们而骄傲！因你们的精彩表现而自豪！今天的课就上到这里，下课！

第三节 激情飞扬，谱一曲快乐之歌

画外音

"生命没有彩排，只有一次精彩！一不小心就会输掉现在，欢笑还是悲伤靠自己主宰！"2005年11月1日晚，一首首琅琅上口、富含哲理或是通俗质朴的歌曲，和着优美动听的旋律回荡在北京世纪剧院里。台上的演员融进了演唱曲目的意境之中，观众们也被深深地感染了。演出结束时，舞台上方垂下4条并列的竖幅，几行大字是："生命没有彩排、生命之树常青、生命之花盛开、生命拥抱平安。"这，好似一股强大的冲击波吸引了全场观众的目光，顿时，全场观众爆发出热烈的掌声，剧场里的气氛达到了高潮。这就是纪念《安全生产法》实施三周年暨全国安全歌曲大赛颁奖文艺晚会的演出场景。

这首《生命没有彩排》的曲作者就是玉林附小的郑仁清教师。

在日常教育、教学工作中，他师德端正、师风淳朴，热爱集体，热爱学生，结合自己的专业特长与学校教育、教学需要，积极参与课题研究，分别谱写了《廉洁歌》、《社区是我家》、《放学回家》、《让我告诉你》、《小手机》、《老小孩》、《生命的守望》等三十多首少儿歌曲，为学校的文明礼仪、安全教育与课题研究做出了努力。学校校歌《梦想在这里飞翔》也是郑仁清创作的作品。

在教学工作中，他践行学校的生态教育思想、实施素质教育，落实课改精神，结合自己的专业特长，面向全体，因材施教、因人施教，既重基础又重乐趣，让学生在轻松愉悦的氛围中快乐学习，音乐素养大大提高，形成了自己独特的教学风格，深受学生喜爱。

1. 教学一瞥

"音乐教师，追求的应该是一种独特而显明、稳定而合理的教学风格，使教学渐入一种出神入化的极境，这种极境，是仿而熟、熟而巧、巧而精、精而化的结果。"

郑仁清老师的教学理念是让学生感受音乐的魅力，体会音乐学习中的快乐与成功，循序渐进地增强音乐素质与能力，大胆创新。

在学校生态教育思想引领下，为体现该教学理念，他做了如下努力：

（1）面向全体，因材施教、因人施教，让学生在轻松愉悦的氛围中快乐学习，并体会音乐带来的快乐。

首先对班级同学的情况作一个了解：家庭情况、对音乐的兴趣与天赋、爱好特长、学习乐器没有等等，了解学生后，就能面向全体，因人、因材施教了。

比如在进行小学一年级第七课《小青蛙找家》的教学中，郑老师先让学生模仿自己喜欢的小动物的样子，再让学生在情景中模仿青蛙的叫声、跳跃动作，在游戏韵律中掌握歌曲中"跳跳"、"呱呱"、"跳跳跳"、"呱呱呱"的节奏，进行全员有效参与。学会后，音乐素质好一些的同学就可以有更大的发挥平台：会舞蹈的，进行表演，并带领大家进行表演；会弹琴的，可以在琴上弹出一些歌曲中的音调或节奏，或者进行有趣的声音模仿，让大家一起参与；唱得好的，进行单独的演唱或者小组演唱；喜欢画画的，用自己画笔表现歌曲中所描绘的情景；喜欢朗诵的，则进行可爱的朗诵或讲故事；以及让他们分角色进行音乐情景剧的表演。老师适时地进行指导、引导，让学生在浓浓的音乐氛围中轻松愉快地学习，体会音乐带来的快乐。

（2）降低难度，增强音乐课堂的趣味性，提高学生对音乐课的兴趣。

在教学中，有的同学对音乐的兴趣不那么浓，对音乐的学习能力也不够强，有畏难情绪，这个时候就需要老师及时发现问题，采取主动有效的方法，降低难度，增强趣味，引领学生学习。

比如采取奥尔夫音乐教学法，让学生说儿歌、拍手、做游戏、讲故事、唱歌等，利用声势教学法等降低难度，培养学生的乐感（特别是节奏方面），让他们感受音乐带来的成功与快乐，从而热爱音乐。再或者采用柯尔文手势教学法，有趣地逐步增强学生的内心音高，从而突破音乐学习中的音准难关，体会音准演唱中的和谐魅力与乐趣。以及采用图形谱等方式辅助学生理解音乐的走向、句子长短、结构等，让他们有趣地学习。

比如，在二年级学生认识音阶中的"1、2、3、4、5、6、7"七个音的教学中，为了降低难度，让学生直观、形象地感知它们的音高区别，首先以楼梯为比喻介绍了各个音的相对音高，再让学生以"看谁站得准"的游戏的方式找出他们的音高：课前先写出这七个音，先后让各个小组的同学来扮演它们，在黑板前，点到"它"就站到自己的相应音高位置上去，并用身高来表现它们的相对音高，个高的表演高音，个低的表演低音，各自高低不够表现的，就以坐、蹲、弯腰、站凳子等方式表演。这样，在游戏中，以活的图形谱方式让学生牢牢记住了这七个音的读法，了解了它们的相对音高，课题又很有趣。

解决了音乐学习中的节奏、音准问题，学生学习起来能力大大增强，兴趣大大提高，效果自然也很好。

（3）以学校生态教育思想为指导，积极进行二胡、口琴在音乐课堂中的教学，循序渐进地增强学生识谱、演唱的能力，提高学生音乐素质。

二胡是一种有一定难度的民族乐器，因为它不是固定音高，音高要靠学生的手指头在弦上的相应位置上按出来，这就需要学生有两方面的基础功力：具有相对音高概念与对二胡结构、指法的具体了解。音高概念在先前的教学中有一定基础，但远远不够，郑老师就继续加强这方面的训练，运用图形谱、手势教学法等，逐步增强这方面的能力。对二胡的学习，首先选编了适合低段小学生训练的二胡校本教材，再提出了"玩二胡"的快乐二胡教学法，不是那么正式、规规矩矩的学习，让他们体会玩二胡的乐趣，逐步引上正确练习二胡的路子上去。对于练习不正确、较慢的同学单独辅导，指点持琴、持弓方式、每一个音在二胡上的相应位置，内弦、外弦的拉法，等等。日久天长，他们还是掌握了这样乐器的操控方式，演奏出了一些简单乐曲。

在器乐教学中，学生更增添了音高概念，学习音乐的能力大大增强，学习歌曲演唱也提高了效率与准确度，更增添了协和度与美感。

（4）利用声乐优势引导学生正确唱歌，自信表演。

郑老师音乐功底比较扎实，对声乐有一定优势，他便利用这种优势对学生进行适当的辅导。首先，介绍、示范正确的演唱姿势，让学生体会、对比感受。其次，指导低段的学生用自然的声音演唱，并指导他们按照节奏和曲调有表情地独唱或参与齐唱，还引导他们采用不同的力度、速度表现歌曲的情绪。

对于中、高段学生，还让他们知道演唱的缓吸缓呼、缓吸急呼、急吸缓呼、急吸急呼等呼吸方法，并通过课堂适当、有趣的训练在唱歌实践中逐步掌握、运用。比如缓吸缓呼，就让学生体会闻花香的感觉；急吸急呼，就让学生体会狗喘气的感觉。

对于个别在声乐中有特长的同学，郑老师还因人施教，或单独上课，或让他们参加学校的合唱队，进行专业的训练。

（5）发挥创作优势，开发校本课程，创作当下学生喜欢的儿童歌曲，并鼓励、引导他们自己创作。

首先，他结合自己的专业特长与学校教育、教学需要，积极参与课题研究，开发校本课程。在高新区廉政教育进社区活动中，创作了《廉洁歌》；在文明礼仪与社区文化整合研究的课题中，创作了《社区是我家》、《和谐家园美》、《老小孩》等歌曲；在环保教育中，创作了少儿合唱曲《让我告诉你》；在安全教育中，创作了《生命没有彩排》、《生命的守望》、《放学回家》、《出操歌》等；在亲子教育活动中，创作了《小手机》；另外，还为玉林附小创作了校歌《梦想在这里飞翔》；等等。

其次，在教学中，他很注重对学生创新能力与意识的培养，引导、鼓励学生尝试音乐创作，并搭建展示平台。

在创新教学中，他也遵循循序渐进、由浅入深的原则，让学生能操作、易操作，既创新了，又能体验其中的快乐。

如让学生在唱歌或聆听音乐时即兴做动作，根据教学内容改编歌词，尝试将成语、短句、诗歌或歌词用不同的节奏、速度、力度等加以表现，用口琴或二胡为音乐伴奏或音型化配合，自制节奏乐在课堂中为歌曲伴奏，用线条、色笔、图形记录音乐；最后，尝试创作节奏或旋律，先1—2小节，再2—4小节。他还给学生松绑、减压，说创作其实并不是那么难的事，比如"我们的班级多么美好！"一句，多读几遍，就会发现其中蕴含的旋律与节奏：

$$\underline{24} \quad 3 \quad \underline{34} \mid 5 \quad 5 \mid \overset{.}{\underline{1}} \quad 7 \quad \underline{6} \mid 5 - \mid$$

我们 的　班级　多么美　好！

再根据这个发展下去就行了。学生大胆进行尝试，有的同学还真创作出了他们自己的歌曲，有的还集体创作出了自己的班歌（包括歌词歌曲），同学们请他作了修改、指导，他也乘机进行鼓励，激发他们的创作热情与对音乐的爱好，并给他们展示的平台，在音乐课中让他们唱给同学听，同学们很羡慕，给了热烈的掌声，他们收获了成功的喜悦，也大大激发了其他同学参与创作的积极性。

总之，在教学工作中，郑仁清老师师德端正、师风淳朴，热爱集体，热爱学生，力求让学生体会音乐学习所带来的快乐与成功，大胆创新，形成了自己独特的教学风格，取得了很多成绩，深受学生喜爱。

2. **郑仁清教育教学名言**

·黑格尔说过，音乐的实质就是"灵魂自由的音响"，追求的是那种心灵的、自由的创造，而作为艺术的音乐教学也应当如此。

·让我们都做一个音乐教学的有心人，不息纳新，厚积薄发，不践旧迹，发挥独创。

·语言的尽头是音乐，我愿带领孩子们乘着音乐的翅膀一起飞翔。

▽ 第八章　个性教学，秀木成林 △

第九章

➡综合评价，个性成长

综合评价，是注重对学生素质的综合考查，强调评价指标的多元化，对学生的评价不仅关注学生的学业成绩，而且要发现、发展学生多方面的潜能的评价。综合评价改变了单纯通过书面测验、考试检查学生对知识、技能掌握的情况，采用多种评价手段和评价工具，评价学生在情感、态度、价值观、创新意识和实践能力等方面的进步与变化。

玉林附小是一所城市居民子女与进城务工人员子女各占一半的生源多元化的市区学校，这样的学校，尤其需要注重保护不同层面学生的自尊心、自信心，体现尊重与爱护，关注个体的处境与需要。为此，学校深入开展了学生综合评价的研究与实践。

第一节　学生个性发展，呼唤综合评价

当前社会的发展，将比以往任何时代都更需要和谐、全面地发展。将来走入社会的学生，无论处于什么岗位，无论职务高低，都要具备宽厚的基础知识、系统的专业知识、不断学习和进步的精神与能力，更要有高度的责任心、合作精神及沟通能力。

《基础教育课程改革纲要（试行）》也提出，素质教育要使学生具有基本的思想政治素质；民主法制精神和社会责任感；初步的创新精神、实践能力、科学精神、人文素养、合作精神和环境意识；适应终身学习的基础知识、基本技能和科学方法；良好的身体和心理素质；高尚的审美情趣和积极健康的生活方式等。

然而，在当前的教育实践中，仍然不同程度地存在着教育教学围着考试转的现象，出现了将评价内容进行主次分配，对考试涉及的内容优先考虑，重点保证；考试不涉及的内容较少被关注。这种现象是极端的教育功利主义，既是对教育目标的误解，又会对学生造成负面影响。把考试成绩作为评价学生学习的唯一标准，而对学生的探究、实践、创新能力，合作精神、社会责任感等综合素质的考察却严重不足，这不仅不利于培养全面发展的人才，而且从某种意义上对学生来讲是不公正的。

为了全面落实素质教育目标，扭转当前的教育怪相，从关注人的成长发展出发，以促进个体自由发展为追求，对学生实施综合评价就显得尤为重要。对学生实施综合素质评价将有利于学生多元发展目标的达成，对学生的全面发展形成明确、具体的要求，有助于体现素质教育精神，提高教育教学品质，最终促进学生全面发展。

而玉林附小正是遵循这样的教育思想对学生实施学科综合评价，落实学生素质发展十大目标，践行学校艺体教育发展规划，采取丰富多彩的促进个性张扬、个体发展、个人解放评比、竞赛、选拔、认定活动，使学生素质全面提高，学科教学质量全面提升，学校社会影响，辐射能力日益增强，也使学校迈入了发展的快车道。

第二节　多元综合评价，适应学科特点

学校经过长时间的综合评价探索，总结了一套行之有效、操作性强的评价操作方法，制定了具有不同学科特点的评价方法。

1. 档案袋评价法

档案袋是在 20 世纪 80 年代西方中小学评价改革运动中形成和发展起来的一种新的质性评价方式。它是指教师和学生有意地将各种有关学生表现的材料收集起来，并进行合理的分析与解释，以反映学生在学习与发展过程中的努力、进步状况或成就。

"课外阅读 250 万字"，是学校为学生制定的十大素质发展目标之一。为了科学有效地对目标进行管理、监控、考核，学校开发了《玉林中学附属小学课外阅读手册》，各班也分别制定了课外阅读管理细则，用以记录、评比学生的日常阅读情况；同时制定了一至六年级阅读目录，指导各个阶段的阅读工作；还制定了各个学段的测评档案袋，坚持从一年级开始加强过程监控，每个学段对学生进行达标登记、达级考核。

有了这些针对性的管理措施，学生课外阅读量得到了保证，阅读书目也由于学校的精心挑选而富有品质，学生的文学水平也得到了大幅提升。国学经典诵读之所以能在学校开展得如火如荼，与学生的课外阅读质量息息相关。

2．**分级达标评价法**

要达成小学毕业素质发展目标，最关键的是落实。因此学校针对小学阶段时限长，心智发育不成熟等特点，推行了分级达标评价办法。即把总目标分解成若干层级目标，让学生每期有目标，每期有方向，让学生看得见、摸得着、够得到，目标阶段累积而达成总目标。

比如在评价"让每一个学生学会游泳"中，学校利用自有游泳池的便利条件，着力开发游泳校本课程，分别开设面向全体的游泳训练、游泳特长班、运动队三个层次的队伍强力打造游泳项目，发挥游泳传统学校的优势，普及游泳，让每一位玉林附小毕业生都会游泳；认真上好游泳课，从学生中挑选尖子生，组建"校游泳队"，并代表学校参加各级比赛；积极培训游泳教练，引进专业运动队的游泳健将到学校指导老师和学生游泳。

此外，学校还在每年的 5—6 月、9—10 月间开设了游泳课，而且制定了在一、二年级必须达到"蛙泳姿势游 25 米"，在三、四年级必须达到"自由泳姿势游 25 米"，在五、六年级必须达到"仰姿游 25 米"的课程标准，并于二、四、六年级进行集中达标考核，颁发《玉林中学附属小学游泳达级证》，对于不合格学生进行复试补考，直至合格。

一直以来，正是因为学校把游泳当文化课程一样严格管理，视文化学科一样严格考核，游泳课程的学科建设也得以成为体育特色项目，学校成为成都市游泳基地学校，每年都代表成都高新区组队参加各级各类比赛。学校的游泳品牌也越来越响亮，涌现出了一批批优秀的游泳特长学生，难能可贵的是他们的文化课成绩也出类拔萃。

3．**活动评价法**

学生的学习是借助一定活动展开的，活动是学生发展的必由之路。学生在活动中建构知识的个人意义；在活动中自主参与、探究，培养创新能力；在活动中学会如何与人进行交流合作。活动可以反映出学生的学习情况，学生的活动表现是学生内在学习品质的外显结果，可以说，活动表现是评价的重要信息资源。因此，对学生的评价不应只侧重对知识掌握的结果，更需要通过学生的活动表现来评价学生在知识技能、过程方法、情感态度与价值观等方面的发展。

活动表现评价是通过观察、记录和分析学生在各项学习活动中的表现，对学生的参与意识、合作精神、实验操作技能、探究能力、分析问题的思路、知识的理解和认知水平以及表达交流技能等进行全方位的评价。在对活动表现进行比较、分析基础上，教师可以给出恰当的反馈以激励学生进步，学生从中也能发现自己学习中存在的问题。

活动不仅仅是小学生十分喜爱的方式，就其本身也是一些学科教学的推进形式。因此学校坚持"活动促进"、"活动育人"的原则，积极在日常教学管理中推行活动评价法，让学生在活动中既开阔了眼界又锻炼了才干，同时又进行了素质教育发展的目标评价。

"让每一个学生学会一门乐器"是学校的十大素质发展目标之一。在众多乐器中，学校曾经选取口琴作为达成目标的载体。在"口琴进课堂"的几年中，教师们逐渐摸索出了在课堂中引入乐器教学的一些经验。现在，为激发学生对民族乐器的喜爱之情，并从中受到民族乐器的熏陶，感受民族乐器的美，继续达成学生学会一门乐器的目标，教师们又把二胡引进课堂，让每位学生都接受二胡的艺术熏陶。学校不仅开设了"二胡"课程，还在二至六年级组建"二胡兴趣班"，以此为基础成立了团员超百人的"小天使民乐团"。"小天使民乐团"每天开展训练，取得了不错的效果。

学校还继续坚持每天五分钟口琴吹奏，每学年一次"艺术周"活动，每两年一届校园"艺术节"活动，每学年一次学校"艺苗十佳十优"表彰活动，每学年一次"校园是大明星"评选……这些活动不仅丰富了校园生活，还极大地提升了学生的综合素质，保障了"素质教育发展目标"的达成。

再如十大目标之一"学生要具有科创意识和能力"。培养学生的科创意识和能力需要大量的活动，只有以活动为载体才能使其工作到位，目标达标。学校以开展"科技周"、参加各级"科创大赛"、举行"国际数棋大赛"为契机,组建了"科技工作小组",分设了十多个项目小组,以这些小组为单位,开展小论文、小制作、小发明、科幻画、电子小报、电脑绘画、头脑风暴、机器人竞赛活动。

学校还从各个方面给政策、出措施、筹经费、花时间积极开展各项活动,以提高学生科创意识和能力。学校花费数万元购买了上百台机器人模型,组织学生免费参与。学校固定每周三下午为学生兴趣活动选修时间,选修课程设计体育、艺术、科学、文化等所有项目,全校开设 4 大类,16 科共计 72 个兴趣班,学生参与面达到 100%。

学校通过这些活动的组织、开展,极大地确保了学生科创意识能力达标,以六年级为评价样本,在近两年中有 200 余人获奖,获奖面达到 80%。在六年级进行的"科创知识能力检测"中,学生参与科技活动达到 98.6%。正是因为科创活动的如火如荼,学校也连年名列成都市科技示范学校前五名,这对于一所生源多元化的社区配套学校而言实属不易。

4. "等级+定性"综合评价法

评价的基本模式是"等级+定性"评语,打破单一的分数评价模式,对文化素质进行等级化评价。学生成绩取消百分制,实行等级制,即优秀、良好、及格、需努力四个等级,同时推行融入素质教育目标的文化评语。

评语是对学生德、智、体等方面发展水平进行综合、定性的评价。要求教师树立全新的素质教育评价理念,评语要采用第二人称直接面向学生,要求教师用孩子的语言,朋友的口吻,长辈的爱抚来肯定成绩,指出不足,鼓励进步。要求评价面要宽,针对性要强,内容要具体,评价要准确,以鼓励为主。

评语的基本格式是优点(现实性评价)+鼓励(期望性评价)。在评语中体现对学生的尊重,殷切的期盼,让学生感知到老师对他的关爱。以综合素质评定的内容为主要依据,对学生给予一个综合性的评语,其中还可以包括等级评定中没有包括的内容,尤其应突出学生的个性、特长和潜能。评语应采用激励性的语言，客观描述学生的进步、潜能及不足。同时要制定明确简要的促进学生发展的改进计划，帮助学生认识自我，树立自信。对低段学生的评价应浅显、生动。

尤其是在小学的语文、数学、英语等文化学科，更是坚持用这种评价方式，有意清除教育现实中只对分数过度关注的痕迹，有意模糊分数之间的差距，有意降低考试的选拔和甄别功能。

第三节　实施综合评价，评出生命七彩

玉林附小围绕学生培养十大目标开展学生综合评价，成为学生生命成长的航标，助推了学生个性优化的和谐发展。玉林附小的学生更加自信，具有乒乓球特长、游泳特长、民乐、书法、声乐等艺体特长的学生不断涌现。综合评价评出了师生关系的和谐融洽，评出了良好的班级氛围，评出了学校的特色发展，评出了全校师生的生命七彩。

1. 实施综合评价，增强了学生的自信心

在评价注重考分的时候，学习困难的学生，经常看不到自己的优点、特长，也确定不了自己的发展方向，只因学习不好就自我定位为不行、笨蛋、不聪明，从而苦闷，失去自信心，这是导致厌学的主要原因。

实施综合评价以来，使很多学习落后的学生找回了自信，看到了自己的特长和优点，也发现了自己的闪光点，从而找到了自己的自信。如前两年从玉林附小毕业的一对施姓双胞胎，以前在某校就读时不守纪律，学习成绩不好，很不受老师的欢迎，最终转学到玉林附小就读。正是玉林附小的综合评价给了这两个学生信心。班主任万老师及时发现学生的体育特长，让学生尽情地在这方面发展。结果，学生在体育方面为

班集体、学校争了光，自己也在同学面前扬眉吐气。做人的信心有了，学习的进步也就水到渠成。

2. 实施综合评价，使师生关系和谐融洽

学校对学生实施综合评价，对老师的评价也再不是只有分数这一把尺子了，再也见不到语数老师累死，科任老师无聊死的局面了，老师们也就更有干劲了。以往，学校对语数外老师的学期工作进行评估更多是以学生考试成绩为唯一的评价标准。学生学业成绩良好，则表明教师优秀，工作能力强，教师也依靠学生获得更多的荣誉。因此，学生考分高低就成了教师发展的根本动力。教师们也想尽办法往高分教，完全忽视了学生的主观能动性，忽视了学生作为一个人的情感喜好。这显然是教师专业成长的异化。

现在由于评价的尺度多了，老师看重的方面也更多了，学生每个方面得到发展都可以得到学校的肯定，老师们也不再把眼光只局限在学生的分数上，而是从更多方面来认识学生。这样一来，老师们看哪个学生都觉得优秀，因为每个学生身上不是在这个方面就是在那个方面有长处。

老师的心态变了，师生关系就融洽了，自然就给学生营造了一个极为生态的成长环境，学生们可以在这样的环境里自由呼吸，尽情表现。老师乐教，学生乐学。玉林附小的学生无疑是最幸福的学生，因为他们能经常看到老师微笑的脸庞，老师的微笑帮助他们树立了自信，老师的微笑帮助他们学会了宽容，老师的微笑让他们懂得了感恩。还是上文中的施姓双胞胎学生，老师正是看到了他们在学习之外的长处，才使得他们和老师、和同学的关系融洽，也才使得他们得以健康成长。

3. 实施综合素质评价，形成了良好的班级氛围

学生积极地发挥主人翁意识，更愿意在活动中表现自己。各个班级经常组织各种球类比赛，棋类比赛，歌咏比赛。在比赛中，培养了团队精神和合作意识，培养了学生的集体荣誉感，增强了进取心。

比如，一位老师给学生规划了班级发展的目标，制定了相关的一系

<aside>第九章 综合评价，个性成长</aside>

列制度。学生呢，不可避免地要犯些小错误。在一次偶然的机会，几个同学就直接告诉老师，每当他们的自制力动摇的时候，就想起了评价要求，想到了集体的荣誉，想到自己班级的奋斗目标，想到自己的责任。想到了这些，自我约束力也就增强了。

再如，一位老师接到新班后通过组织各种体育比赛来增强班级凝聚力，形成良好的班风，学生以往所表现出来的不符合规范的行为大大减少。

4. 实施综合评价，推动了学校的发展

玉林附小生源背景多元，十年前是"三多一差"，即农转非多，流动人口多，拆迁户多，小区文明程度差；近几年城市化进程加快，玉林附小又成为高新区唯一的一所接收外来务工人员子女入学的义务教育示范学校，农民工子女已占全校人数的一半。

根据生源现状，学校响亮提出了办"不选择学生的学校"。有的学生是在原校因为成绩不好被迫退学而找到玉林附小来就读的，有的是因为听了朋友的介绍口口相传找过来的，还有的是因为家庭搬迁但舍不得学校舍不得老师而不愿意转学的。

然而，学校并没有因为多元的生源状况而停滞不前，反而是逆势而上，紧紧抓住综合评价这个纽带，使学校发展一日更胜一日。在区内的学科调研考试中，学校圆满完成上级下达的指标，并有多个学科还拔得头筹。"成都市义务教育示范学校"、"成都市艺术教育特色学校"、"成都市教师发展基地学校"、"全国文明礼仪示范学校"等荣誉称号纷至沓来。

正是学校实施综合评价，给了每个学生自信的舞台，让学生看到了自己的长处，才使得学生的发展真正做到了和谐、可持续。"为学生的成长提供终身值得回味的教育"，已经成为玉林附小永恒不变的追求！

行走在生态教育的路上

后　记

　　深秋，漫山红叶，天高云淡，它让思想者更加敏锐和深邃。在这样一个文化的季节，思想的季节，收到四川省教育学会教育学专业委员会、四川省关工委青少年素质教育活动中心关于征集出版一批有实用价值的关于学校教育的优秀读物的通知。这便激起了编著此书的冲动。

　　编撰此书原因有三。其一，玉林附小从 2003 年由原高新一小、高新二小合并整合至今已度过了七个春秋，七个春天的耕耘会有七个秋的收获，只有将这些收获沉淀、提炼乃至升华，才便于储存，更利于反思后的更高更快地发展。其二，编著书籍是一种智慧的劳动，编著的过程是对学校办学思想的解读与发展，是对学校教育实践的总结与提升，是对教师写作能力的磨炼与培养。其三，省教育学会与省关工委提供了良机。

　　两校整合之初，通过对原两所学校办学经验的总结与扬弃，在对教育本真的理解与教育终极目标把握的基础上，从一个独特的视角提出并形成了生态教育这一全新的办学理念。玉林附小将生态教育的内涵界定为：尊重生命主体，创设生动活泼、丰富多彩的教育环境，充分开发个体生命潜能，顺应并促进每一个生命主体自由、充分、全面、和谐、持续发展的教育。本书旨在尽力呈现玉林附小几年来如何将生态教育思想内化为全体教师共同的教育思想，细化为具体的办学策略，物化为具体的办学行为的不懈追求与探索之路。

　　本书作为玉林附小的一件作品，最后得以出版，要特别感谢成都高新区社会事业局吕毅局长和教育处王用远处长，是他们长期对学校工作关心与指导，使玉林附小能健康科学地发展，从而实现高新教育的快速发展。在本书编著的过程中，四川教育学院姚文忠教授、中国教师报记者张泽科先生给予了精心的指导，学校高级研修组的谭琼、吴涛华负责编著第一篇，瞿风、吴少娟、肖俊负责编著第二篇，缪兵、程旭霞、陈继红、周波、高屏负责编著第三篇，他们几易其稿，多次修改，付出了无比艰苦的劳动。另处，刘群方、李末霞、何佩霖等老师为书稿提供了大量素材，在此，向他们表示诚挚的谢意！

由于编写时间短暂，由于我们的写作水平有限，书中的一些教育观点仅限于我们现有的认知水平，如果有不对的地方，敬请批评指正，我们不胜感激。

秦志新

2010 年 10 月于成都高新区

行走在生态教育的路上